李登輝

いま本当に伝えたいこと

早川友久

李登輝元総統日本人秘書

ビジネス社

誠實自然

登輝

李登輝印

李登輝、本書に寄せて

日本との窓口として、長年私の秘書を務めてくれている早川友久さんから、私がモットーとすることがらについて書いてみたい、と持ちかけられたとき、私は即座に快諾した。私の言葉を「名言」などと持ち上げられると面映《おもは》ゆいばかりだが、私が常々言ってきた指導者としての心構えや、仕事の流儀などを、若い人の言葉や解釈で伝えていくことも重要だと考えたからだ。

早川さんはまだ40代前半で、年齢は私の孫娘とほとんど変わらない。それでも、私との会話はよく弾んだ。それは、私も彼も読書することが日課のようなものだという共通点があったからかもしれない。

私が若い頃に読んだ岩波文庫などもカバンに入れておいて、来客が帰ったあとなどに『善の研究』（西田幾多郎）や『資本論』（マルクス）について、私がアドバイスをしたこともあった。そんなわけだから、彼も私の考えをよく理解してくれていて、現在では私の日本語の原稿の下書きは、すべて彼にまかせている。

淡水《たんすい》のオフィスに行くと、彼の机の上にはところ狭しと本が積み上げてある。本を積んだままにして読まないことを、最近では「積ん読《つどく》」というのだと教えてもらったが、彼は台湾のことをよく勉強していたし、私がうろ覚えでポロッと言ったこともメモに残しておいて、きちんとした情報を持ってきてくれる有能な秘書だ。

だから、私は以前「もしチャンスがあれば日本へ帰って政治家になったらどうか」と勧めたことがあった。しかし彼は「もう少し総統の仕事を手伝いたい」と言って首を縦に振らなかった。

わが家は、私たち夫婦以外は日本語の読み書きができないため、家内も何くれとなく早川さんには厄介をかけていた。また、よく見ていると彼は若くて、男性にもかかわらず、実に細々としたところに気がつく。だから家内も重宝していて「早川さんがいなくなったら困るわ」などと言うものだから、「若い人のチャンスを私たちが奪ってしまったら取り返しがつかない」と諭《さと》したことを覚えている。

あとになって聞いたところ、彼は「総統のライフワークである日台関係強化を最後まで一緒にやりたい」と言ってくれていたそうだ。私が揮毫《きごう》を頼まれたときに好んで書く「誠実自然」という言葉は、日本人の持つ精神性を言い表したものだが、早川さんは文字通り「誠実」に私の仕事を支えてきてくれている。

日本から私の話を聞きたいとやってきてくれる日本人は多いが、常にそばには彼がいてサポートをしてくれる。最近は記憶力が落ちたせいか、人の名前や本の名前がすぐ出てこなくなってしまったことも増えた。

それでも、早川さんに目をやれば、即座に私の言いたいことを理解して助けてくれる。そんな彼だから、私の言いたいことや考えていることをよりわかりやすく、日本の皆さんに伝えてくれることができるのではないだろうかと期待している。

私もとうに90歳を過ぎ、台湾や日台関係に尽くすことのできる残りの人生も短くなってきている。これからの日台関係は「早川さん、あんたにまかせたよ」という気持ちを込めて背中を押したのが、この本の発端なのである。

2016年頃、自宅で表敬訪問を受ける李登輝と筆者。

まえがき　いま、李登輝の言葉を伝える意味

2020年7月30日の夜、李登輝元総統がこの世を去った。

日本人秘書として2012年から8年間、李登輝本人からも奥様からも本当によく可愛がってもらった。いまは、ただ感謝の気持ちでしかない。


端的に言えば、本書は李登輝の「名言集」である。

当初、一介の秘書が、李登輝の言葉を「解題」して書くという恐れ多い気持ちと、自分が伝えなければという使命感にも似た気持ちが交錯し、李登輝本人に相談した。

李登輝は私の報告を聞いて破顔一笑「やればいいじゃないか。あんたみたいな若くて台湾を知っている日本人がどんどん書くべきだ」と背中を押してくれた。これで私の腹は決まった。

また、李登輝が総統を退任して十数年が経ち、日本のとくに若い人たちに向けて、李登輝という不世出の人物のことを伝えていきたいという気持ちもあった。思い起こせば、この8年間の日々、李登輝が表敬訪問を受けたり、講演をしたりするなかで、私はおそらく日本語による李登輝の発言をすべて耳にしていたはずだ。

同時に、そうした経験を積み重ねるうちに、李登輝という人の人物像やその言葉が誤解されたり、本当の意味が伝わっていなかったりすると感じる場面に出くわすようになった。そういう状況だからこそ、李登輝という人物やその言葉の真意を伝えられたら、とも思った。

本書にもたびたび登場する「誠実」や「実践」といった言葉は、李登輝自身が日本統治時代の教育を通じて授かったもので、それを李登輝は「世界にもまれな高い精神性」と訴える。この精神を身につけたからこそ、自分は「私心」に惑わされることなく台湾の民主化を成し遂げられた、とさえ言うのだ。

本書で紹介する内容は、そうした李登輝の信念が込もった言葉ばかりだが、それだけではない。李登輝の「日本人よ、もっと自信を持て」という悲鳴にも近い激励と願いが込められていることを、どうかわかっていただきたい。李登輝が心の底から日本に期待していながら、歯がゆい思いをしていることも、ずっとそばにいた私には痛いほど理解できたからだ。

李登輝の政治的業績は枚挙にいとまがない。さらに李登輝は、どんなときでも自分の想い、考えを隠すこともないし、また、その主張の軸もブレることがなく一貫しているといえよう。

その理由は、発言する李登輝自身に信念があるからだ。「国のため」や「国民のため」あるいは「日台関係のため」という信念が常に根底にある。だからこそ、その発言に責任を持てるし、誰に批判されようとも意に介さない。

一方で、私が日々接した李登輝という人は、本当に人間的にも素晴らしい人だった。常に家族思いなだけでなく、私のように周囲にいる人間をいつも気にかけてくれていた。総統経験者だからといって、決して偉ぶることもなく、実に謙虚な、本を読むことが何よりも大好きな、ひとりの学者然とした人だった。

こういう日が遠からず来るであろうことは予測できてはいたが、李登輝の言葉と信念はこれからも伝え続けていかなければならない。それが、李登輝の晩年、そばに仕えた日本人秘書である私に与えられた、台湾も日本も同じくらい愛した李登輝からの「永遠に続く宿題」だからだ。

『李登輝　いま本当に伝えたいこと』　もくじ

第1章 リーダーの言葉

第2章

信念の言葉

第3章

知略の言葉

第4章

希望
の言葉

第5章
秘書だけが知っている李登輝の真実

巻末　台湾基本情報

第1章 リーダーの言葉

2016年、自宅にて報告を聞きながら

リーダーの言葉

1

リーダーは信仰を持て。
信仰がないなら信念を持て。
孤独なリーダーは、
すがることのできるものを
必ず持つのだ。

卓越したリーダーシップが成功のカギを握る、という点は政治もビジネスも共通である。企業のトップに限らず、ビジネスの最前線で日々、何らかの決断を迫られるポストにある人は多いだろう。

たとえそうでなくとも、誰もが人生やビジネスにおいて難しい決断を迫られる場面に遭遇したことがあるに違いない。否、むしろ困難な決断を要する場面のほうが、多いのではないだろうか。

そんなとき、李登輝の言葉がよみがえってくる。

「リーダーは孤独だ」

政治にせよ、ビジネスにせよ、リーダーは孤独であり、頼れる者はいない。たとえ、多くの側近や部下に囲まれ、ともに仕事をしていても、ひとたび「決断」を迫られる場面にぶつかったときには、周囲にいる誰も手伝ってくれることはない。むしろ誰かに手伝ってもらおうとした時点で、リーダーとして失格なのではないだろうか。

そのうえで、李登輝はこう言う。

「リーダーは信仰を持て。信仰がないなら信念を持て。孤独なリーダーは、すがることのできるものを必ず持つのだ」と。

1980年代後半、当時、副総統だった李登輝は、国民党政権の中枢にいた。国民党は中華民国を率いて戦後の台湾統治を担った政権だが、もともと中国大陸における中国共産党との「国共内戦」に敗れ1949年に台湾へと逃れてきていた。

国民党は台湾の統治をやりやすくするため、日本統治時代のエリート層を無実の罪で処刑したり、戒厳令を敷いて言論の自由を奪ったりするなど、数十年にもおよぶ独裁体制を築いてきた。

1988年1月、総統だった蔣経国《しょうけいこく》が急逝したことにより、李登輝が副総統から自動的に総統に昇格したが、周りは独裁による特権を今後も維持しようとする人間ばかり。そうした周囲の人たちの思惑に真っ向から対立するような、台湾の人々に民主主義や自由をもたらそうという政策を進めようとしたのだから、当時、李登輝にとって困難な決断を求められる場面の連続であったことは想像に難くない。

そんな彼がリーダーシップの「お手本」としたのが後藤新平《ごとうしんぺい》だった。後藤新平は満鉄初代総裁や、関東大震災後に設立された帝都復興院総裁などを歴任してきたが、そもそも後藤は医師であり、政治家ではなかった。

後藤は、日本が台湾領有後間もない時期に、第４代総督の児玉源太郎《こだまげんたろう》の片腕として台湾総督府に勤務し、数々の困難な政策を実現させていった。

李登輝は言う。

「後藤の信仰が、どのようなものだかはわからない。ただ、彼が『天皇』と『国家』のため、という強力な信念を持っていたことはありありと伝わってくる。指導者は困難にぶつかったとき何を決断の根拠にするのか。それが信仰、あるいは信念なんだ」

戦後の教育を受けた私たちの世代と李登輝との間には、残念ながら国家観や信仰といったものに対する意識にギャップがある。ただ、李登輝の言う「難しい決断を迫られたときの判断基準が何に依拠するか」をそばにいた私が解釈すると、決断の根拠に必ず「公」の意識を据えなければならないということだ。

つまり、決断することによって金が儲かるのか、自分の利益になるのか、あるいは出世につながるのか、党だけの利益になるのかでは決してなく、政治家であれば国家や国民のためになるのか、企業の経営者であれば会社や社員が潤う利益を得られるのか。こうした「公の視点」というものを持つべきだ、ということなのだ。

たとえば、台湾最大のプラスチック加工企業が、台湾中部雲林《うんりん》県の土地を大規模購入しようと動き出したことがあった。そこは農業以外に見るべき産業がなく、人々の所得水準も他の地域と比べて低く、貧しい暮らしにあえいでいた。

そこに突然、台湾有数の大企業が、コンビナートや工場を建設するために土地を取得しようとしていることがわかった。農民たちにしてみれば、二束三文《にそくさんもん》の土地が高値で売れれば暮らしに一息つけると考えるのも当然だ。

だが、この動きに対して李登輝はストップをかける。

当時、大企業が土地を大量購入するには法律の壁があったが、この企業は法改正のために立法委員（国会議員）への陳情を重ね、改正案が通過する見込みが高まっていたところだった。

しかし、李登輝の考えは違った。いま、農民が土地を手放したとしても、台湾の産業界に彼らの労働力の受け入れ先はない。そうなれば、たとえ工場が建設されても、余剰となる数万の農民やその家族が路頭に迷うことになる、というのだ。

当然のことながら、李登輝のこの決断には逆風が吹く。国民党内部からは、あれだけの大企業を味方につければ寄付も見込めるし、選挙のときも大きな力になるのにとなじられ、一方、社会からは農村にもたらされそうになったせっかくの就業機会や、農民が潤うチャンスを奪ったと散々な言われようだったのだ。

だが、それでも李登輝は信念を曲げず、最終的にこの企業は土地買収を断念した。

あのまま土地買収が進んでいたら、農業にしか携わったことがない大量の失業者が出現し、そうした人たちにいかに対処するかで、大きな社会問題になっていただろう。

政治であれ、ビジネスであれ、リーダーは国や国民、会社や社員のためにあえてつらい決断をしなければならないこともある。周囲に相談できる人間はいない。最後に決断を下せるのはリーダーたる自分だけなのだ。

そうした孤独なリーダーを支え、精神的に寄りかかることのできるもの。それが李登輝にとっては信仰であり、そうした信仰を持つことが、李登輝が考える「リーダーに必須の条件」であった
ただし、信仰あるいは信念といっても、その根幹には「公」のために尽くすという意識を据えなければならない。「私益」だけを追求すればよいとする信念も、可能性としてはあり得るからだ。

信仰、あるいは信念に加え、「公」のために尽くすという意識が合わさってこそ、はじめて意義あるものになるのである。

1982年4月3日、台湾最南端の屏東（へいとう）で夕日を見る李登輝。当時、台湾省主席で59歳の頃。地盤沈下などで侵食が進み、波浪災害の恐れがある海岸の視察を終えたあと、まるで映画のワンシーンのような珍しい1枚。

リーダーは「7割でよし」の心構えを持て。

何ごとにも完璧を求める主義、という人は多い。あるいは目標を設定したら完全に成し遂げるまでは妥協しない、という強靭な精神によって自分は成功してきた、と自負されている方もいるだろう。

政治家であれ、企業の経営者あるいは組織のリーダーであれ、100パーセントの達成や成功を求めることは決しておかしな話ではない。むしろそれが当然であり、成功のための努力をしない人間は、リーダーとして失格の烙印《らくいん》を押されるのではないだろうか。

台湾では「民主化の父」と呼ばれ尊敬を集める李登輝だが、その功績を簡単にいうならば、台湾と中国を完全に別個な存在にすることを成功させたリーダー、ということになるだろう。

台湾は戦後長らく「中国大陸もまた、わが国の領土である」と主張する「中華民国」に支配されていた。しかし、そのプロパガンダが台湾社会の自由や民主化を阻害していると見てとった李登輝は、国家のリーダーとして「中国大陸と台湾は何の関係もない。台湾と中国は別個の存在だ」と宣言し、台湾の民主化を推し進めた。

李登輝がその胸に秘めていた遠大な理想は、「台湾共和国」という名実ともに独立した国家の樹立であったことは想像に難くない。口にこそ出さなかったが、その理想のために李登輝は次々と、「台湾を台湾たらしめる」ための政策を実行に移していったのである。

ただ、その一方で李登輝はこうも言う。

「政治であれ、ビジネスであれ、完全を求めてはいけない。目標の実現に向けて100パーセントの努力を惜しまないのは当然だが、必ずしも100パーセントの結果を得られるとは限らない。その場合でも、7割が達成されていれば『よし』とする姿勢をリーダーは身につけなければいけない」

台湾を名実ともに独立国家にすることは大きな理想である。しかし、移民国家たる台湾では、独立を求める人々ばかりではないのも現実だ。割合こそ少ないが、中国と統一したいという人たちもいるし、民主化が大きく進んだ90年代半ばでも「現状維持がよい」と答える人が3割以上も存在したのだ。

こうした社会背景のなかにあって、自らの理想を追求し実現させることは容易ではない。民主化された社会ゆえ、という皮肉な結果であるが、少数意見の説得に時間をかけず、理想の実現のための政策を強行すれば、それは社会の対立を煽《あお》り、深刻な分裂を招く結果になってしまうだろう。

また、台湾を取り巻く国際社会にも大きな軋轢《あつれき》を生むことは間違いない。

台湾の領有を主張する中華人民共和国は決して座視することはなく、武力行使さえ辞さないことをたびたび明言している。そして当時もいまも、日本やアメリカは、台湾海峡の安定が損なわれる可能性がある以上、台湾があからさまに独立を求める行動を許すことはない。

とはいえ、李登輝は頭の中にある理想のために100パーセントの努力を惜しまなかった。台湾民主化の歴史を振り返れば、社会の分裂や対立を招くことなく目標を実現させるため、李登輝が時間をかけて実行した政策は、ほとんどがうまく機能したと言っていいかもしれない。実際、現在の台湾は正式な国名は「中華民国」ながら、中国大陸とは何ら関係はなく、実質的には独立したひとつの主権国家として国際社会に厳然と存在している。

ただ、こうした現状も「理想の100パーセント実現」、あるいは「目標の達成」という観点から見れば、及第点にはならないと判断されてしまう。国名は「中華民国」のままだし、日本やアメリカなどと国交を結んだわけでもないからだ。

しかし、李登輝の言う「完全を求めてはいけない」という観点から見れば、結果は〝上々〟である。前述の通り、李登輝は「台湾と中国大陸は何の関係もない」と宣言したことで、台湾と中国を別個の存在とすることに成功したし、その状態は現在も続いている。そしてこの「台湾は実質的に独立した国家」という状態をベースに、日米は台湾との準外交関係を結んでいるのだ。

台湾の人々のなかには、「李登輝が在任中に『台湾独立』を宣言しなかったのが不満だ」と言う人もいる。しかしあの時代、仮に李登輝がそのような〝完全〟を求める行動に出たら、台湾海峡は一瞬にして東アジアの火薬庫となり、とくに中国との衝突を嫌うアメリカは、台湾の独断専行を厳しく抑える方向に舵を切っていただろう。

李登輝が言う、**「理想の実現のために100パーセントの努力をしたのであれば、結果的に7割の成果であってもよしとせよ」**という言葉は、見方によっては「妥協しろ」と、とらえられるかもしれない。

しかし、李登輝の言葉の真意はそこではない。努力によって100パーセントが実現するならばそれでもよい。しかし、それをかたくなに求めることによって、軋轢が生じる場合もままある。

完全を求める一方で、かえって不利益が生じることさえあるのであれば、7割実現で「よし」としようではないか、という肩ひじ張らずに大局をとらえるべきリーダーの心構えを説いたものなのだ。

台湾の民主化を成し遂げた李登輝が、総統の座を退いてから20年以上になる。その間、国際社会の対台湾理解は加速度的に進んだ。「台湾と中国は同じ」と誤解する日本人もまだまだ多いとはいえ、それでもやはり「台湾と中国は違う」と考える日本人が増えていることは肌感覚でも明らかに感じられる。

台湾においても、ここ数年の調査で「私は中国人ではなく台湾人」というアイデンティティを持つ人々が7割を超えることもある。李登輝の言う「7割達成できれば上々」という言葉に沿えば、台湾はもはや「台湾人の国」になりつつあり、李登輝が求めた100パーセントの理想に、少しずつではあるが近づいているといえるだろう。

100パーセントを求めて努力しつつも、結果的に7割できれば上々、という大らかな心構えが、かえって目標を達成する近道である、という李登輝の言葉を裏打ちするものともいえる。100パーセントの努力の結果が7割であったならば、それを受け入れ、あとは民の力、あるいは社員たちの力を信じることもリーダーには必要な素質なのだ。

1999年7月9日、ドイツの公共放送「ドイツの声」のインタビューを受ける李登輝。このとき「台湾と中国は少なくとも特殊な国と国との関係」と発言し、国際的に大問題となった。

謙虚さこそがリーダーシップ。

2020年1月、台湾で総統選挙が行われた。「台湾は中国とは別個の存在」を主張する、民進党の蔡英文《さいえいぶん》候補が勝利したことで、安全保障の観点からも日本にとってとりあえずはいい結果になった。

再選を果たした蔡英文は、いわば李登輝の〝教え子〟である。プライベートでは、李登輝の孫娘の大学選びについて助言をしてくれたそうだ。

孫娘が高校進学したのは1990年代、祖父はまだ現職の台湾総統だった。当時、私人のプライバシーを暴く、メディアスクラム（メディアによる集団的過熱取材）を組む、といった行為が野放しにされてきた台湾から、スイスの高校へ送り出した。「総統の孫娘」が高校入試間近だとして連日メディアに追いかけ回され、果てはカメラマンが入試当日の教室にまで入り込むという異様な事態が起きたのを、憂いてのことだった。

そしてイギリスへの大学進学を希望していた孫娘の大学選びに、自分が卒業したロンドン・スクール・オブ・エコノミクスを勧めたのが蔡英文だったという。

一方、イギリスから台湾に戻り、国際貿易法の若き泰斗《たいと》として教壇に立っていた蔡英文を、政治の世界へ導いたのが李登輝だった。国家安全会議の諮問委員を皮切りに、蔡英文はWTO（世界貿易機関。当時はGATT＝関税貿易一般協定）加盟を進める李登輝政権の法律顧問トップとして八面六臂《はちめんろっぴ》の活躍をみせた。

こうした経緯もあり、蔡英文は李登輝が推し進める民主化を最も間近で見つめてきた。蔡英文自身、派手なパフォーマンスを好まない実務的な政治家であるが、その姿勢は李登輝から学んだのだろう、と感じる場面も多い。

4年前、民進党から立候補した蔡英文が総統選に初当選した日の夜、国民党から政権を奪い返したこともあって民進党本部前で開かれた集会では、支持者たちが喜びを爆発させた。登壇した蔡英文も笑みを浮かべていたが、スピーチが始まると一変してその表情を引き締めた。

蔡英文は「民進党の関係者全員に告ぐ」と前置きし「謙虚に、謙虚に、ひたすら謙虚に」と訴えた。この「謙虚さ」こそ、李登輝から学んだ最高指導者としての心構えのひとつなのである。

李登輝は1988年1月13日に総統に就任した、というよりは「昇格」した。というのも、この日の午後に前任者の蒋経国《しょうけいこく》総統が急逝したのだ。李登輝ものちに回想しているように、蒋経国自身、自分がそれほど早く世を去るとは思っていなかったのだろう。だから、後継者の指名もしなかったし遺言も残さなかった。

こうして、憲法の定めにしたがって、李登輝がその日の夜のうちに副総統から総統へ昇格したのだが、まずはじめに実行したことは、実は連日、蒋経国の霊前に手を合わせることだった。

当時はまだ、台湾の民主化の「萌芽《ほうが》」が見え始めただけの時代。それまでは蒋介石《しょうかいせき》、蒋経国親子によって統治されてきたから、台湾ははじめて「ストロングマン」の不在を経験することとなった。

つまり、以前はよくも悪くも独裁者が君臨していたことで国がひとつにまとまっていたが、独裁者が消えたことで、「軍が暴走するのではないか」「中国が攻めてきたらどうなるのか」といったような不安が、国民のあいだでかき立てられたのだ。

李登輝は台湾社会が動揺することを何よりも恐れた。社会不安が広がれば、台湾を虎視眈々《こしたんたん》と狙う中華人民共和国につけ入るスキを与えるかもしれない。政府も軍も国民も、はじめて経験する事態に浮足立つなか、李登輝は毎朝、蔣経国の遺体が安置されている病院を訪れた。

その理由について、李登輝はこう話す。

「私が連日、蔣経国の弔《とむら》いに訪れればテレビカメラがそれを報じる。それは『李登輝は蔣経国路線を踏襲しますよ。社会に大きな変化は起こしませんよ』というメッセージなんだ」

事実、総統の座に就いた李登輝が謙虚な姿勢を見せたことで、国民は台湾の前途が短期間で大きく変わることはないと胸をなでおろし、人心は安定した。軍の参謀総長はまもなく「陸海空の3軍は新しい総統に忠誠を誓う」という声明を発表した。李登輝が総統になったばかりの台湾というのは、そういう時代だったのだ。

李登輝は注意深く慎重に、台湾の民主化を進めていったが、何よりも障壁となったのは、中華人民共和国と、台湾を統治する中華民国が現在も内戦中、と規定した「動員戡乱時期臨時条款《どういんかんらんじきりんじじょうかん》」の存在だった。憲法の機能を制限するこの臨時条款がある限り、選挙もできないため、台湾の民主化に着手することさえできないのだ。

しかし、この臨時条款は国会が制定したもので、総統といえども撤廃する権限はない。しかも、戦時中と規定されているため選挙も行われない。そのため、議員たちは安泰の地位の上にあぐらをかき、高額の禄《ろく》を食《は》んでいた。

総統の李登輝は、そうした議員数百人の家を1軒ずつ回り

「国家のために辞職してほしい」

と頭を下げ続けたのだ。もちろん権益を手放したくないがために、居留守を使ったり、辞職を断固拒否したりする者もいたそうだ。しかし、総統がわざわざ訪ねてきて「国家のために」と懇願する姿に打たれ、辞職に同意した人も多かったという。

その結果、臨時条款は撤廃されて選挙が行えるようになった。それまで国民から批判の的になっていた「万年議員」と呼ばれた政治家たちはすべて辞職し、新しい国会

議員が誕生した。トップが頭を下げることで、人間が動く、あるいは動かされる、ということも大いにあるのだ。

2020年初頭から世界にまん延した、新型コロナウイルスの感染拡大防止政策についても、蔡英文政権は世界でもトップクラスの成功を収めている。その成功の秘けつについてはさまざまな理由が挙げられるが、蔡英文総統が国民に対して謙虚に自制を呼びかけていることも大きい。

マスクの実名制販売や台湾入国後の厳格な隔離など、国民生活には不便なことばかりだが、蔡総統が謙虚に頭を下げることで国民の側も「非常事態だから」と政府を支持し、大きな混乱は起きなかった。これもまた李登輝の教え通り、トップが謙虚に徹したゆえの効果だろう。

蔡総統もまた、「謙虚さ」の重要性を李登輝から学んでいたのである。

2016年8月27日、「直接総統選20周年シンポジウム」に出席した際の李登輝と蔡英文。台湾初の直接総統選からちょうど20年後、蔡英文が女性初の台湾総統に選ばれた。

リーダーの言葉

4

リーダーは悪役に徹しろ。

新型コロナウイルスの感染拡大防止に蔡英文政権が手腕を発揮している。彼女自身は法律が専門だが、政権内を見渡すと公衆衛生や防疫の専門家が多いことに気がつく。副総統だった陳建仁《ちんけんじん》（2020年5月退任）は2003年、中国や台湾で蔓延《まんえん》したSARS《サーズ》制圧の陣頭指揮を執った経験があるし、2020年5月に発足した第2次蔡政権で副総統に就任した頼清徳《らいせいとく》はハーバード大で公衆衛生を学んだ医師だ。

新型コロナウイルスの感染拡大が報じられ始めたこの年の1月、蔡総統は対策を矢継ぎ早に打ち出した。防疫に重要なのはスピードと徹底的な厳格さだ。

たとえば、台湾政府は1月には、新型コロナウイルス発生源とされた湖北省をはじめとする中国の3省在住者の入国を禁止し、2月に入ると全面的に中国からの入国を禁じた。1月下旬の旧正月と前後してマスク不足が始まると、マスクの輸出を禁じ、政府がマスクをすべて買い上げる管理方式を導入した。

さらには民間のマスク工場に資金を投じて生産ラインを増加させ、人手が足りない部分は軍を送り込み、フル回転で生産を続けたという。

当初は台湾での騒動を対岸の火事のように考えていた日本だったが、初動の遅れと中途半端な対応策が裏目に出てしまった。

これは李登輝が言う、

「指導者は悪役にならなければいけない」

という役割を日本のリーダーたる安倍晋三首相ができなかったからだ。

台湾ではマスクが不足し始めると、蔡総統が「輸出禁止」を即断した。これには野党から「人道主義に反する」との批判が出たが、蔡総統は意に介さず実行した。

中国からの入国禁止に関しても、とくにビジネス面で日本以上に中国との関係が深い台湾では反対の声も大きかった。まだ新型コロナウイルスの恐ろしさが認知されておらず、私の周辺でも「蔡政権はやりすぎだ」という声もよく聞かれた。しかし、それからひと月も経たないうちに、入国制限しなかった日本と台湾の状況は逆転した。

報じられたように、4月に予定されていた中国の習近平主席訪日をなんとしても実現したい日中双方の思惑が、感染源である中国からの入国を制限できなかった要因であろう(2020年3月3日付『産経新聞』)。李登輝が言う「悪役になる」ことを安倍首相が厭《いと》わなければ、入国制限を決断できたのではないだろうか。

いまや「台湾民主化の父」と呼ばれ、多くの人から尊敬される李登輝だが、現職の総統として在任中は「悪役」に徹することが多々あった。だが、当時は多くの批判を受けながら現在振り返ると、それが李登輝の深謀遠慮から生まれた策略であったり、舌を巻くような隠された意図があったりしたことがわかる。

李登輝が人事の面で「悪役に徹した」例を挙げよう。

李登輝が総統になり、まず改革したいと考えていたもののひとつに軍隊があった。それまでの軍隊は「国民党の軍隊」であって、決して「国家の軍隊」とは言えないような状態だったからだ。

ただ、その原因は明らかだった。蔣介石の未亡人である宋美齢《そうびれい》の恩寵《おんちょう》を受けていた当時の参謀総長、郝柏村《かくはくそん》が最高司令官であるはずの総統を押しのけて、陸海空の3軍を牛耳り、思いのままに軍を動かしていたのだ。

このまま放っておけば、軍を握る彼がクーデターさえ起こせる。そこで李登輝は一計を案じた。郝柏村をなんと格上げして国防部長（国防大臣）に抜擢《ばってき》したのだ。

これには世論も国民も驚いた。それまで、中国大陸出身の「外省人《がいしょうじん》」である蔣介石や蔣経国による国民党の独裁体制が続いていたが、はじめて台湾生まれの「本省人《ほんしょうじん》」である李登輝が総統の座に就いた。民主化への道も見え始めてきている。台湾の人々は李登輝の手腕に期待した。

ところが、軍を私物化してきた郝柏村を今度は大臣に昇進させようとしている。当時の新聞は1面で李登輝の人事をののしり非難した。だが、郝柏村の出世はこれにとどまらない。大臣就任から1年も経たないうちに、李登輝は今度は郝柏村を首相に相当する行政院長に任命したのだ。

台湾の制度は「双首長制」であり、原則として総統が外交と国防を、行政院長が内政を担当することになっている。国民党独裁の権化ともいえる郝柏村を行政院長に据えたことで、当時の新聞のひとつは社説に「無言」の二文字だけを掲載して抗議の意思を表明している。李登輝が本省人総統として民主化のために働いてくれることを期待した人たちからすれば、失望以外の何ものでもなかっただろう。

しかし、これは文字通り李登輝の深謀遠慮だった。宋美齢の覚えめでたい郝柏村を、見事なまでに軍から引き離したのだ。軍を離れた郝柏村に、もはや影響力はない。次に立法委員（国会議員）選挙が行われると、改めて行政院長を任命することになるが、李登輝は郝柏村に対して**「次は若い人にやらせたい」**と通告したのである。李登輝によれば、郝柏村は怒りで真っ赤になって退席したそうだ。

郝柏村を国防部長に任命して1年、行政院長に任命して3年あまりが過ぎていた。同じ国民党内にも、李登輝に反感を持つ勢力が少なくなかった。そうした反対派の声を封じ込め、波風を立てずに注意深く郝柏村を軍から引き離すには、これだけの年月と戦略眼が必要だった。その間、マスメディアも李登輝を非難した。「李登輝よ、おまえもか」と思う国民の失望もあっただろう。

それでも李登輝は重要な目的を明かすことなく悪役に徹しきり、見事、目標を達成した。自分の信念のためにリーダーとして悪役に徹した李登輝だからこそ実現した、神わざ的な手腕だった。

リーダーの言葉

5

決断は素早く、
そして柔軟な発想で。

２０２０年5月20日から第2次蔡英文政権が発足した。新型コロナウイルス感染症による感染拡大防止政策が世界でも大きな評価を受け、高支持率による船出である。１９９６年、台湾初の直接投票によって李登輝が総統に選出されてから24年、蔡英文が人々の手で選ばれた４人目の総統となる。

李登輝の最も大きな功績のひとつに、大規模な流血なく民主化を実現させた手腕が挙げられる。台湾の民主化が「無血革命」とか「ビロード革命（静かな革命）」と呼ばれるゆえんだ。

ただ、その平和的な民主化の陰には、いかに国民の要求と治安維持の装置たる警察の衝突を回避させるかに心を砕いた李登輝の苦悩があった。本書でも、私は李登輝を「現実主義者」だと評しているが、「目的達成のためならば素早い決断と、合理的な発想ができる」という言い方もできるのではないだろうか。

民主的な選挙によって選出された総統が就任するプロセスが、台湾ではもはや当たり前のようにとらえられているが、その裏には、台湾と日本の知られざるエピソードがあったことを紹介したい。

2015（平成27）年の春の叙勲で、台湾からは許水徳《きょすいとく》が旭日大綬章《きょくじつだいじゅしょう》を受章した。許水徳は李登輝政権で内政部長（総務大臣）や駐日代表（駐日大使）を歴任しただけでなく、国民党の秘書長を務めるなど、李登輝の右腕として知られている。

7月に交流協会台北事務所代表（駐台湾大使に相当）の公邸で叙勲伝達式が行われることになり、李登輝にも招待状が届いた。しかも、お祝いの言葉をお願いしたいということ。そこで原稿を書くことになったが、そのときに李登輝がはじめて引用したのが、次のようなエピソードだ。


1987年に戒厳令が解除されたあと、台湾社会にはやや急進的な民主化の波が押し寄せた。民主化や自由を求めるデモがあちこちで繰り返され、警官隊とデモ隊が衝突するような、騒乱状態に陥る場面が頻発したのだ。

当時のニュース映像を見たことがあるが、2019年以降、香港で発生し続ける「逃亡犯引渡条例」反対デモの参加者を、警察が力まかせに警棒で殴りつける光景とほとんど変わらなかったのを思い出した。それによってデモ参加者はもちろん、警官隊にも負傷者が続出したのである。

そんな状況を前に李総統は悩んだ。ひとつには、デモに参加し民主化を求める人々を押さえつけることで、多くの負傷者を出すおそれがあったし、民主化の芽が摘み取られてしまうようなこともしたくなかった。その一方で、激化するばかりのデモを押さえなくては、社会の治安は崩壊し、かえって民主化を後退させてしまいかねなかったからだ。

そこで李登輝は、当時内政部長だった許水徳に極秘訪日を命じた。許水徳は日本統治時代の1931（昭和6）年生まれなので日本語はもちろん堪能《たんのう》だし、東京教育大学（現筑波大学）大学院で学んだ経験もあったからだ。

李登輝は、日本が60年代の安保闘争などで豊富なデモ警備経験のあることをよく知っていたので、内々に日本の警備警察技術を台湾に導入できるよう重要任務を許水徳に与えたのだ。

李登輝によると、台湾側の依頼は日本政府のなかでも「とくに上のほう」で処理され、結果として警察庁から台湾へ極秘裏に必要な装備や資材が調達されたという。また、許水徳の視察をもとに台湾で日本式の機動隊が急遽編成され、さっそく訓練が始められた。その結果、軍部から「再び戒厳令が必要」という声も上がり始めていたなか、日本の人命尊重を基本理念とする慎重な警備方式が導入され、ひとりの死者も出すことなくデモの沈静化に成功したというのである。

これによって平和的な民主化の推進が可能となり、官民ともに大きな衝突によって負傷者を出すこともなくなった。李登輝が導入した、デモに対する警備の概念は現在でも踏襲されているとも聞いている。

李登輝が当時、台湾社会のリーダーとして選んだ決断は素早く、かつデモ参加者や警察官の安全や生命を守りたいがための合理的なものだった。また、日本のよいものをそのまま台湾へ移植するに際し、いささかも体面にこだわることもなかった。自分の目の前に横たわる問題をうまく解決する方法を隣人が持っていたら、あるいは経験を有していたら、何らためらうことなく取り入れられる指導者としての柔軟性が生かされたということだろう。

李登輝が国家の指導者として残した心構えは、現在の台湾政府にも受け継がれているように思えてならない。世界が称賛した台湾政府の新型コロナウイルス対策でもそれが証明されたのではなかろうか。

「決断の素早さ、そして柔軟な発想」という指導者が持つべき心構えを、今般の台湾政府はきっちり有しているように思える。惜しむらくは、日本が新型コロナウイルス騒動に際し、後手に回り、硬直的な発想でしか対応できずに感染を拡大させてしまったと思しきことだ。

今回の例を見てもわかるように、国家や社会に限らず企業や組織においても、素早い決断と柔軟な発想が、危機を救うリーダーに必要とされるというのが、李登輝の残した教えといえるだろう。

1992年4月3日、茶の名産地として知られる台北市南部の木柵（もくさく）に福田赳夫元首相を案内し、観光茶園を視察する李登輝。福田氏は1972年の日台断交以来、はじめて訪台した首相経験者だった。

第2章 信念の言葉

1978年、台北市長就任の記者会見で

1

これまでの制度を打ち破って
まったく新しいものに改める。
それが「脱古改新」である。

国家であれ、企業であれ、長い時間を経てくると、その体制が制度疲労を起こすことはよくある。

日本という国家も、戦後長らく続いた55年体制によって軋《きし》みが生じていたところに「自民党をぶっ壊す」と宣言した小泉純一郎首相が、一種熱病的な支持を受けたのを覚えている方も多いだろう。

また、国家や企業そのものに問題が生じていなくとも、時代や環境が変化したことによって、これまでの体制との間に齟齬《そご》が生じることもままある。

李登輝が総統の座についたとき、台湾を取り巻く環境も、台湾内部も矛盾だらけだった。

台湾を統治しているのは中華民国だが、この中華民国はもともと中国大陸で成立したものだ。第2次世界大戦終結後、国共内戦に敗れた中華民国が国ぐるみで台湾に移転してきた。

しかも、李登輝以前の指導者は「いつかは中国大陸を取り戻す」ことを大義名分とし、台湾を戒厳令下に置いていた。そのため、国の根幹である憲法も、国の行く先を決める国会さえもが、凍結されていたのである。

李登輝は台湾人＝本省人として、はじめての総統である。それまでの蔣介石や蔣経国は中国人＝外省人であり、中国大陸への「凱旋《がいせん》」を夢見ながら死んでいったともいえる。しかし、実際のところ、台湾はそもそも中国大陸とは何の関係もないのだ。中華民国が一方的に「台湾という土地」を自分のものにして居座ってしまっただけ、といってよい。

そこで、李登輝は、台湾を改革するにあたって次のように考えた。

「従来と同じ『中国』という枠組みのなかで制度を変えようとしても、それは根本的な改革にならない。これからの台湾に必要なのは、これまでの『中国』という考え方から脱して、まったく新しい台湾を作り上げることだ」

李登輝は、「リーダーの言葉1」でも説明したように、台湾と中華人民共和国は内戦状態であると規定した国家総動員法に相当する「動員戡乱時期臨時条款《どういんかんらんじきりんじじょうかん》」を撤廃した。これにより「台湾は中国大陸とはもはや何ら関係はない。中国大陸は中華人民共和国が統治するのを認めるから、台湾は台湾でやっていく」ということを内外に宣言したのだ。

李登輝は、従来の枠組みのなかで制度を変えていくことを「**託古改制《たくこかいせい》**」と称した。古くから続いてきた制度を踏襲しながら、少しずつ改めていくということだ。台湾がいつまでも中国との結びつきを残したり、あるいは中国大陸の奪還にこだわり続けたりすることは、台湾にとって無益だということを李登輝は理解していた。

つまり、李登輝の考えの根本は、

「**『台湾は中華民国』という発想の出発点そのものを捨てる**」

ということなのだ。

であるならば、台湾がいつまでも中国式の制度を基盤としていては、それをどんなに改変していこうとも、決して中国式の枠組みを打破できないと考えたのである。
そこで李登輝が提唱したのが「**脱古改新**」であった。

「古《いにしえ》のものから脱却しよう。そしてまったく新しいものに改めるのだ」

これこそ、李登輝が台湾の民主化を進めるうえで念頭に置いた原則であった。

台湾にも「温故知新《おんこちしん》」という言葉はある。日本に目を向ければ、企業や役所には「前例」にこだわる根強い風潮がまだまだ残っているだろう。

だが、李登輝は考えた。国家あるいは組織にとって、古いしがらみや従来のしきたり、伝統、前例を踏襲するだけのやり方では、いつまでたっても自分たちに新しい利益をもたらすことはできないのだ、と。

実際、中国には、歴代王朝によって「易姓革命《えきせいかくめい》」というものが行われてきた。中国史を見れば、武力によって王朝が倒され、次の新しい王朝に取って代わられることがたびたびあった。しかしそれは、地上を治めさせていた前王朝が徳を失ったがために、天はその皇帝に見切りをつけ、新たな王朝に交代させたという理屈である。「易姓革命」が起きると、上から下まで、あらゆるものが新しい王朝によって塗り替えられ、歴史さえも書き換えられることがままある。とはいえ王朝あるいは国家という大きな点から見れば、歴代の王朝もまた、前王朝の制度を引き継ぎ、皇帝が君臨するという枠組みが維持されていったにすぎないのである。

このような中国式の制度をいつまでも保持していては、台湾という国家をまったく新しく生まれ変わらせることはできない。李登輝の頭の中には「台湾を中国とは別個の存在にする」という青写真があったのだろう。それゆえに「古の制度は踏襲しない」と決意したのだ。

その結論が、国民が自分たちで台湾の行く末を決めるという民主化であり、自分たちの指導者を多数決で決める総統直接選挙の実現だったのではあるまいか。

こうした李登輝の発想は、独裁体制から民主化がなされた台湾ならではのものかもしれない。

しかし、これが企業や組織であればいかがだろうか。組織の「枠組み」にばかりとらわれ、従来の制度のなかだけでの「改制」に終始していないだろうか。

李登輝は、自分が指導者の立場を受け継いだ「中華民国」という組織を改革の出発点にしなかった。いつまでも従来からの制度を踏襲していては、組織の変革は単に微調整にすぎない「改制」にとどまり、抜本的な改革たる「改新」にはつながらないと考えたのだろう。

組織の大改革に必要なのは、これまでの制度を踏襲する「託古改制」という発想にとどまらず、まったく新しい組織を生み出すための「脱古改新」が必要だと李登輝は訴えたのである。

1975年、中国大陸沿岸に近い、馬祖（まそ）島を視察。真ん中が蔣経国行政院長で左端が李登輝。当時、国民党入党4年目で、農業担当の政務委員を務めていた。

2

教養は万能ではない。
実践がともなって
はじめて意味をなす。

日本人に李登輝の魅力を問うと、その教養の高さを挙げる人も多い。文学から哲学、政治、経済に至るまで、深い知識と幅広い教養が培《つちか》われたのは、旧制台北高等学校で過ごした青春時代だったという。

あの頃はクラスメート同士、競うように本を読んだ、と李登輝は言う。友人たちがある本について議論しているのに、自分はそれをまだ読んでいない。青くなって図書館へ駆け込み、貪《むさぼ》るように読んでは素知らぬ顔で議論に加わることもあったそうだ。

現在でも旧制高校の復活を望む声も少なくないと聞く。帝国大学進学がほぼ約束された余裕ある環境のなかで、授業のみならず幅広く本を読み、クラスメートと知的な議論を交わすことによって育《はぐく》まれる教養主義に、再びスポットライトが当たっているのだろう。

実際、李登輝の自宅地下室には数千冊にもおよぶ蔵書が収められた部屋がある。小規模の図書館といえるくらいの規模だ。ここには副総統の時代に買い直したという岩波文庫800冊がそろっている。

戦後、日本の統治を離れた台湾は、国民党の独裁政権によって日本語の使用が禁止された。持っていても仕方ない、ということで李登輝は仲間数人と古本屋を開いてみんな売り払ってしまったため、買い直さざるを得なかったのだ。

しかし、李登輝自身は「教養」の重要性だけでは足りないと考えているところがある。もちろん、総統として12年間にわたり、台湾を独裁体制の社会から民主社会へ生まれ変わらせたその手腕の陰には、幅広い教養に基づいた判断力が備わっていたからこそだと思う。

ただ、よりいっそう重要なことは、その教養を活かすための「実践」にあるということが李登輝の行動から見て取れるのだ。教養を頭の中だけ、あるいは机の上だけのものとせず、本当の意味で活かすためには「実践＝行動」が必要だ。

李登輝がこのように考えたのは理由がある。教養主義にどっぷり浸かった青年時代だったが、日本の敗戦によりその価値観は一夜にしてひっくり返った。それまで本を読み、思索にふけることで自分の内面や精神というものを見つめ続け、いわば唯心論に凝り固まっていた李登輝にとって、すがるべきものを全否定されたのに等しい状況になったわけだ。

そこで戦後の李登輝は、「唯物論者」へと転向することとなる。名古屋で玉音放送を聞いた李登輝は、陸軍少尉としての給与が出たため、多少、懐は温かかった。そこで、原爆の被害にあった広島や長崎に友人をたずねたり、東京で先輩の家にしばらく居候《いそうろう》したりしている。

李登輝の目に映ったのは、見渡す限りの焼け野原と、わずかばかりの食料をめぐり争う人々の姿だった。物質があってこそ、人々の心も満たされるのだと、李登輝は考えたのだろう。台湾に戻ってからは一時期、共産主義者の読書会にも参加するほどの入れ込みようだった。

ところが、どんなに物理的に満たされてこようと、心のむなしさは埋まらない。食糧事情が回復し、物資が街中に出回るようになっても、精神的な満足感が一向に得られなかったのだ。

そうするうちに、李登輝は自分の心の中で、新しい考え方が生まれるのを感じた。日本統治下で読書に明け暮れ、同級生と議論した教養主義と、物資の充足によってもどこか満たされない精神のむなしさを埋めるために、行動に移さなければならないことは何かを考え始めたのだ。

つまり、李登輝が好んで使う「**実践躬行**《じっせんきゅうこう》」こそが、幅広い教養をよりいっそう効果的なものとする手段としての境地に到達したともいえるだろう。目の前に広がる現実を見据え、何を実践するべきなのかという点を重視するようになったのである。

1999年9月、台湾中部を大地震が襲った。総統だった李登輝はすぐさま現地に飛び、連日被災地を回って救援に努めた。

地震発生から数日後、台中市内にある日本人学校が大きく被災していたということで、見に行くこととなった。現地に着くと、校長先生以下、保護者の方たちも集まっている。

日本人学校は校舎が崩壊し、惨憺《さんたん》たる状況だったそうだ。訪れた李登輝に、校長先生は「なるべく早く学校を再開したい」と訴えた。それに対し、李登輝は「わかりました」と一言だけ答えたが、それを聞いた校長先生はぽかんとしている。

「私が生まれ育った時代、『わかりました』と言ったら、『必ずやります』という意味なんだ。『必ず実践します』ということなんだ。でも、いまの日本人はわからないいんだな」

そう苦笑いした李登輝は、台北に戻ると早速指示を出し、旧台湾製糖が所有していた土地の用途変更を行って、新たな日本人学校の用地として提供することを決めた。これによって地震の翌年には早くも新たな校舎が落成し、授業が再開されたのだ。

李登輝は言う。

「教養は万能ではない。実践がともなってはじめて意味をなす」

ただし、ただやみくもに実践すればいいというものでもない。李登輝は、その実践の場と時間が来るのをひたすら待ち続けた。総統になっても、党内の政敵を手なづけ、自分の意志を実践できる環境を整えなければならない。その雌伏《しふく》のときを耐え抜いて大きく咲き誇ったのが、台湾の民主主義という大輪の花だった。

戦前の日本の教育によって叩き込まれた教養の力を、より大きく開花させたのは文字通り「実践すること」を実践した李登輝の行動力と、いたずらに実践するのではなく、場と時間が訪れるのを待ち続けた忍耐力があったからこそ、といえるだろう。

2013年、日本のメディアインタビュー前
の準備。読書は李登輝にとって教養の源だ
が、「読むだけ」ではいけないと説き続けた。

信念の言葉

3

「公明正大」こそ
部下の努力を引き出す。

李登輝がよく批判するものに「アジアン・バリュー(Asian Value)」というものがある。「アジア的価値観」と訳せるだろう。アジア的価値観とは、情実主義、袖《そで》の下《した》文化、なあなあの社風などである。

ご存じのように、李登輝は長年政治的指導者の地位にあった。もともとは農業経済の若き権威として学者生活を送っていたが、ときの蔣経国から「疲弊した台湾の農村を救ってほしい」と白羽の矢を立てられ、政治の世界へと迎え入れられたのだ。

それからの李登輝は、政務委員(無任所大臣)から台北《タイペイ》市長、台湾省主席、副総統へと順調に出世の階段を上がり、最終的には蔣経国の急逝により総統に昇格した。

こうした指導者の地位を歴任してもなお、李登輝が心掛けたのが「**公明正大**」である。「公明正大」とは、情実や感情を加味することなく、それぞれの能力や努力、結果によって平等に個人の評価をすること、自分の価値観や要望を部下に押しつけることなく公正に対処することだ。

例を挙げよう。これは日本から国会議員や地方議員など、政治に携わる人間が来たときに話すエピソードだ。

李登輝の父は、長いこと台北郊外の淡水で県会議員を務めていた。李家は地主であり、父はいわば地元の顔役であったわけだ。1988年、李登輝が総統の座に就くと、多くの人間が父親を通じてさまざまな頼み事をしてきた。ようは「口利き」を依頼してきたのである。

そこで李登輝は父に言ったそうだ。

「父ちゃんが議員だったとき、たくさんの人に助けてもらったことは知っている。でも、私が彼らの言うことを聞いていたら仕事ができなくなってしまう。本当に申し訳ないけど、そういう口利きをすることはできない」

以来、父親は「うちのせがれは、親父の言うことさえまったく聞かないとんだ親不孝者でどうしようもない。だから何を言っても無駄だ」などと言い訳をしながらそうした陳情を断り、一切息子に取り次ぐことはなかったという。

あるいは別のエピソードもある。

李登輝は総統退任後も台湾の民主化や日台関係の深化のため、政治的発言を続けてきた。そのため、多くの支持者から寄付や献金を受けることがある。日本からの来客のなかにも、「李総統を支持しています。日台交流のために使ってください」と寄付を申し出てくださる人も少なくない。

そうした場合でも、李登輝は決して自分では手を出そうとはしない。隣にいる私に**「財団法人李登輝基金会として寄付をいただき、領収証をお送りするように」**と指示するのみだ。

相手はもちろん善意で寄付してくださっているのだが、それでも李登輝は決して自分で受け取ることはしない。指導者の地位にあるものが金銭を取り扱うことは「公明正大」に反するというポリシーを、ずっと堅持してきたからだ。

余談だが、李登輝は自分名義の銀行口座を持っていない。なぜなら総統になったとき「誤解を生じさせたくない」として、すべての銀行口座を閉じてしまったからだ。

家族や親戚、部下を通じた「口利き」あるいは袖の下文化は、李登輝が最も嫌悪するものだ。ひとつには李登輝自身の正義感や清潔感があるが、より大きな理由がある。それは、そうした「アジア的価値観」が大手を振ってまかり通るようになると、部下の仕事に対するモチベーションが失われるからだ。

考えてもみてほしい。自分がいかに努力をしようとも、上司が懇意の取引先の意見に左右されたり、利益供与によって経営方針を変更したりしているようでは、自分が払った努力がまったく評価されないことと同義になるだろう。そうしたことが続けば、部下は会社に対する忠義立てや努力をしなくなり、有能な部下であればあるほど見切りをつけて離れていくだろう。

公明正大さを欠く、ということは部下の努力を引き出せなくなるばかりでなく、そうした人材を失っていくことにもつながるのだ。

李家を見ていると、李登輝は家族、とくに子どもたちに対して公明正大さを貫いていたように見える。これは、李登輝自身に対する父親の教育方針に端を発する価値観のようだ。

李登輝は言う。

「日本統治時代、台湾人で勉強ができる者はこぞって医師になった。政治に左右されることはないし、日本人だろうと台湾人だろうと『先生』と尊敬してもらえるし収入もいい。それでも父親は私に『何を勉強しろ』とか『どこの学校へ行け』などと言ったことは一度もなかった。子どもに対しても公明正大に尊重してくれたんだな」

こうした父親のもとで育ったからだろう。李登輝夫妻も子どもたちに「何を勉強しろ」などと言ったことはまったくないという。「うちはまったく自由なんだ」と李登輝自身も笑う。

実際、私から見るとちょっと残念なところもあるのだが、これだけ日本と縁が深いにもかかわらず、李登輝夫妻の子どもたちは日本へ留学したこともないし日本語もほとんど話せない。父親代わりに育てた孫娘は「私は政治に興味がない。むしろ商売がやりたい」とビジネスの世界で活躍している。

このように、李登輝は子どもや孫たちに対しても「公明正大」だ。何かを強制することもなく、選択を尊重する。それによって彼らが自分の「選択」に対して努力できるよう促している。

「アジア的価値観」を忌避する李登輝の手腕は、むしろ人間の努力を引き出すための指導者としての手段ともいえるだろう。

1985年11月、副総統だった李登輝へ勲章が授与される際、父の李金龍を総統府に招いた。握手しているのは蒋経国総統。うしろは李登輝夫人の曾文恵である。

家族の意見を
仕事に入れるな。

長らく独裁体制が続いてきた台湾では、民主化の陰で既得権益を奪われ、恨み骨髄に徹する勢力による復讐ともいえる応酬劇が繰り広げられたこともあった。

李登輝も、そのあとを継いだ陳水扁《ちんすいへん》も、自分たちの家族までスキャンダル疑獄に巻き込まれたのだ。

実際、総統を退任した李登輝に対し、敵対勢力による攻撃は容赦なかった。退任後間もなく、まず国民党の立法委員と新聞が一緒になり「李登輝夫人が8500万米ドルの現金を持ってアメリカに出国しようとしたが、税関によって止められた」という事実無根の出来事をでっちあげて李登輝夫妻を陥れようとした。

現役時代から再三、政敵の攻撃にさらされてきた李登輝だが、このときはいつにも増して怒った。

「自分は政治家だ。いわれなき非難を受けるのも慣れている。しかしでっち上げで家族を攻撃するのは許せない」

と、名誉毀損で訴えたのだ（のちに李登輝側が勝訴）。

対して陳水扁は脇が甘かった。

民主化の過程で、反陳水扁陣営によって仕組まれたとされる交通事故で夫人が下半身不随になってしまった。自分の信念の犠牲になった夫人に対して、陳水扁は頭が上がらなかったという。

そして陳水扁が総統になると、夫人に対して有象無象《うぞうむぞう》の人間がすり寄り始めた。多大なる金品を贈って夫への口利きを依頼したのだ。

結果、退任後の陳水扁夫妻は汚職やマネーロンダリングによって有罪判決が下されている。自分のせいで一生を車椅子生活になった夫人に負い目があった、という理由には同情するが、国の最高指導者としてはふさわしくない振る舞いであったと言わざるを得ない。

その点、李登輝は公私の区別が非常に厳しかった。

李登輝の「人を見る目」のコツとして、**「奥さんを見ればだいたいその人となりがわかる」**というのがある。これは、李登輝自身が「私の政治の先生」と呼ぶ蔣経国からのアドバイスだそうだ。

妻の行動や考え方に問題が多いと、必ずその夫にも問題が生じる。夫が汚職に手を染めたり堕落したりする場合、多くは妻が悪い影響を与えていることが多いそうだ。李登輝が台湾省主席の時代からかたわらに仕え、退任後の初代日本人秘書を務めた人も、こう語った。

「李登輝は『台湾民主化の父』、陳水扁は『台湾之子』などともてはやされてきましたが、李総統は早い時期から、『陳水扁はいつか問題を起こすのではないか』と口にしていました」

陳水扁夫人の振る舞いが噂として耳に入っていたからの懸念だったが、結果的に李登輝の心配は当たってしまった。

反面、李登輝は家族が政治あるいは自分の仕事に口を挟むことを厳禁したし許さなかった。いまでも来客などの席で、夫人が政治的な意見を口に出すと（慎ましやかな夫人としてはそれ自体珍しいことだが）、李登輝は「あなたは黙っていなさい」と静かながらきっぱりと忠告するほどだ。

また、前項「信念の言葉3」でも書いたように、父親の友人知人が口利きを依頼してきても「もう二度と頼んでこないでください」と拒絶したし、子どもたちが自分たちの意思で望む場合を除き、彼らを政治の世界に関与させることもなかった。

事実、ふたりの娘のうち、長女は教育に携わり、次女は女性の権利や労働運動に関する学者として活躍している。ときには政府の諮問委員などの仕事もするが、直接的に政治にタッチすることはない。孫娘も同様だ。

そんな娘や孫娘たちを李登輝は頬《ほお》を緩めながら、

「うちは自由なんだ。何を勉強しろ、どこの学校に行けと強制したことは一度もない」

と笑う。

結局、つきつめれば「公」と「私」の厳密な峻別《しゅんべつ》であろう。妻や家族の意見を、自分の政策や信念に反映させることを決して許さない姿勢が、李登輝の「公」に資する考え方なのだ。

もちろん、夫人の庶民的な感覚を参考のために聞くことはあるだろう。台北市長時代には、

「私は、妻が庶民の代表のように思っているから、市政のどこに不満があるのかを尋ねることはあった」

と述べている。


李登輝が政治に家族のことを介入させなかったエピソードがある。

李登輝夫妻の息子、憲文《けんぶん》が結婚後間もなく、鼻腔《びくう》がんであることが判明した。妻のお腹にはまだ見ぬ子がいる。李登輝は当時、台湾省主席だった。

台湾中部の南投《なんとう》にある台湾省政府と台北の往復には2時間近くかかり、少しでも息子のそばにいてやりたい李登輝にとっては隔靴掻痒《かっかそうよう》の心境だっただろう。そんな父親としての立場を察したのか、議員たちから「会期を延期して構わないから、息子のそばにいてやったらどうか」との申し出があった。しかし李登輝は、その申し出を拒絶

し、日々の公務を淡々とこなしたという。

家族とは「私」の最たるものだ。

李登輝の振る舞いには「そこまでしなくとも」と思うところもあるだろう。私自身も小学1年生の息子を持ち、息子の命に万が一のことがあれば、自分が代わってやりたいとさえ思う。

そうした面から見れば冷淡に映るかもしれないが、それでも李登輝はやはり政治に携わる人間として、愚直なまでに「公」を優先したのだった。

2000年5月20日、李登輝は任期を終え民進党の
陳水扁（右）に総統の座を譲った。政権交代によ
って、はじめて国民党が下野した瞬間でもあった。

5

未来に対する「理想」と「主張」をはっきりさせよ。

この項で紹介する「未来に対する『理想』と『主張』」とは、わかりやすく言い換えると「長期的な計画と短期的な計画」ということだ。李登輝が現職の総統だった時代、頭の中には、いかにして「中華民国」を「台湾」にしていくべきかという課題が常にあった。

台湾は日本の統治を離れた戦後、一貫して中華民国による統治を受けてきた。現在でも台湾の正式な国名は「中華民国」であるし、人々が持つパスポートにもその名がある。しかし、戦前からずっと台湾に住んできた人たちからすれば、中華民国とは戦後の占領のために台湾に乗り込んできただけにすぎない。あたかも、日本が戦後、アメリカに占領統治を受けたのと同じ構図だ。

日本は幸いにして1952年に発効したサンフランシスコ平和条約によって独立を回復したが、台湾は同じ条約によって正式に日本の統治から離れることになる。日本が独立を回復したことによってアメリカは日本から引き揚げたが、反対に台湾では国民党率いる中華民国政府が居座り続けることになる。国共内戦で共産党に敗れたため、引き揚げるはずの場所がなくなってしまったからだ。

それから国民党は台湾で独裁体制を敷き、国際社会に対しても「中国を正統に代表するのは中華民国」と訴え続けてきた。いわば国民党の主張と、台湾の人々の思いはずっと乖離《かいり》し続けていたのである。

そんな状況だったから、李登輝が総統に就任したときも、この「矛盾」をどうやって国民の利益となる方向に解消していくかが最大の課題だった。つまり「中華民国の台湾化」である。

ここで李登輝は「未来に対する『理想』と『主張』」をきちんと分けて考えた。台湾が未来へ進むうえで最も理想的で、おそらく多くの台湾の人たちが望むのが「台湾独立」だろう。あるいは、台湾が実質的に独立している状態を維持し続けることでもいいのかもしれない。

しかし、それはあまりにも現実とかけ離れた「理想」であって、わずかな期間のうちに実現させることは難しい。そこで、その理想的な状態を「長期的な計画」として設定することにした。「理想」へ向けた長いロードマップの過程で、短期的な計画を練らなければならない。つまり、ここで李登輝は総統として何を「主張」するかを考えたのである。

1990年、李登輝は国民党内の選挙戦を勝ち上がり、国民大会で選出されて総統となった。国民大会とは、「五権分立（立法、司法、行政、考試《こうし》〈公務員試験〉、監察〈不正弾劾〉）」を採用する中華民国のなかでの最高機関だが、戦後長らく独裁が続いているような状況下では、国民党の追認機関にすぎなかった（のち2005年に廃止）。

とまれ、それまでは急逝した蔣経国総統の代理としての色彩が強かったが、これで名実ともに正式な総統になったわけである。ここから李登輝は、民主化へのアクセルを踏み込んでいく。

民主化の完成という大きなターニングポイントになったのは、1996年3月に行われた総統直接選挙だ。それまでは国民党内で候補者を募り、党の公認候補を国民大会が承認するというプロセスだったものを、国民の手で総統を直接選ぶ方式に変えたのである。

この方式の導入には、党内でもかなり大きな反対があったと聞く。むざむざと政権を手放す可能性のある方式を導入する必要はない、というのが大きな反対意見だったようだが、李登輝はこれを押し切り導入した。台湾という国家のリーダーを、国民が自分たちの手で選ぶ手段の実現によって、台湾の民主主義をこれ以上ない形で「主張」したのである。

これに対して中国はかなり怒った。前年に李登輝は、現職の台湾総統として訪米もしていたから、余計火に油を注いだに違いない。中国は「軍事訓練」と称してミサイルを台湾沖に打ち込み、台湾の人々を震え上がらせた。

これに対して李登輝は「**すでにシナリオはいくつもできているから心配するな**」と国民に訴えた。ここでの台湾の人々の行動も素晴らしかった。ミサイルによる威嚇ものともせず、予定通り投票は行われ、国民党候補の李登輝が大勝したのである。

この直接選挙の効果は絶大だった。李登輝が党内の大きな反対にも負けず、信念をもって実現させた意図もここにある。国民は自ら投票して総統を選ぶことで「自分たちが選んだ」という意識を強く持つ。これによって、有権者と総統との距離も近くなり、権力に対する監視の目も厳しくなる。投票するだけで終わりでは、完全な民主主義とはいえない。

大切なのは、投票終了後も有権者が政府を監視し続け、政府に改めるべき点があれば批判の声を挙げることで、より完全な形で民主主義が実践されること。李登輝は、そう考えた。こうした民主主義の実践こそが、李登輝の中国に対する「主張」であった。いわば「中国よ、台湾の民主主義を見るがいい」というわけだ。

結果、それによって台湾は「中国」というものに別れを告げ、台湾独自の道を歩き始めたのである。

李登輝が、台湾化を目指した理由はもうひとつある。中華人民共和国は国際社会に対して、「中国はひとつ」ということを認めるように迫っていた。中華民国の存在を認めてはならない、ということである。そのため、台湾（中華民国）が国交を結んでいる国は非常に少なく、現在では20を切っており、そのほとんどが太平洋の島国や経済的支援を必要とするアフリカ諸国なのだ。

李登輝は、中国の圧力によって台湾の国際空間が狭められることは、おそらく予期していたのだろう。だからこそ、中華人民共和国からの圧力をはねのけ「中国」というものをめぐって争うことを避けるために、中華民国の台湾化に向かったのである。

李登輝の長期的な視野に立った「理想」が、台湾の独立あるいは実質的に独立と同等の状態とすれば、短期的な視野に立った「主張」は、中国との争いが起きる場面をいかにして減らすかということにあった。

２０２０年、全世界が新型コロナウイルスの感染拡大で苦しめられている。幸い、台湾は世界でも稀《まれ》な成果を収めており、台湾国内だけを見れば、もはやほぼ日常の生活が元に戻ったといえる。

この成果は、李登輝が掲げた「未来に対する『理想』と『主張』」という政治哲学を継承した蔡英文総統が「『理想』という長期的な視野を新型コロナの完全抑制と設定し、『主張』という短期的な視野で海外からの往来禁止や徹底した隔離政策」により数カ月で達成したものだ。中国人の入国禁止を決めたときも、「経済が死んでしまう」という野党の反対に「感染が拡大したらそのときこそ台湾経済が危機に瀕する」と説得して決断した。

ロードマップのゴールに掲げた「理想」のために「主張」した成果がいま、世界から称賛されているのだ。

1991年4月30日、李登輝は台湾と中国大陸は内戦状態であると既定し、憲法を停止させていた「動員戡乱時期臨時条款」の撤廃を宣言。翌5月1日午前0時で停止すると発表した。

第3章 知略の言葉

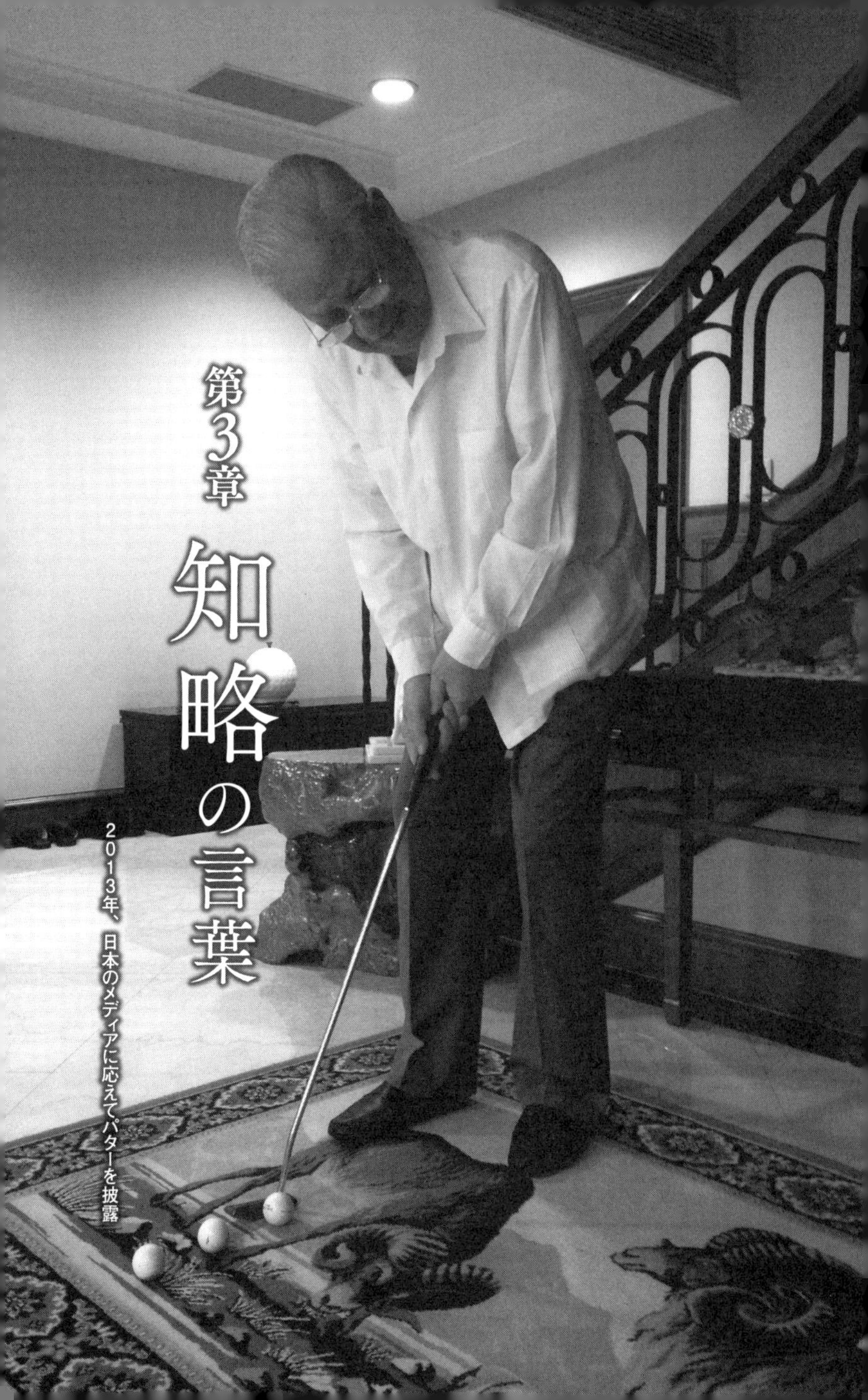

2013年、日本のメディアに応えてパターを披露

1

金銭で時間も労力も
節約できるのであれば、
ケチる必要はない。
金で解決できたというのであれば、
そもそも大きな問題では
なかったということだ。

李登輝が台湾の民主化を進めるうえで、最大の難問が「万年議員」と呼ばれる人々の処遇だった。戦後数十年も特権の座に居座り、高い給料をもらう彼らを、李登輝は「金で解決した」という。

日本では「金で解決する」と書くと、ダーティなイメージがともなう。汚職や賄賂《わいろ》を連想させるからだろうか。

しかし、李登輝は政治家であって聖人君子ではない。国家や国民の利益のため、事態を打開するのに最も手っ取り早く解決できる方法が金銭であれば、ためらうことなく十分な額を投入せよ、というのが李登輝の考え方だ。

金銭で解決することによって節約できた時間や労力を他の部分で最大限に発揮せよ、という手法はどのような場面で実践されたのか。

1988年1月、副総統だった李登輝は憲法の定めにしたがい、総統へと昇格した。総統の蔣経国が急逝したことによるものだった。

李登輝が振り返るには「持病の糖尿病が相当悪化していたのは知っていたが、まさか」と耳を疑うほど急なものだったという。

事実、蔣経国は「もはや蔣家から総統を出すことはない」と明言し、父の蔣介石から二代続いた権力の座を手放すことは示唆したが、次の後継者については言及することなく、この世を去った。蔣経国自身でさえ、死期がそこまで迫っていたとは思っていなかったとされる証左だ。

李登輝は総統に昇格したものの、実際には「代理総統」の色彩が強く、台湾社会に大きな変革をもたらすには何もかもが時期尚早だった。ただ総統という「地位」を手に入れただけで、本来それに付随する権力を完全に手中に収めたとはいえない状態だったからだ。

政界も軍も、社会までもが動揺していた。戦後長らく台湾を独裁体制によって牛耳《ぎゅうじ》ってきた国民党政権だったが、蔣介石・蔣経国親子以外による統治の時代など経験してこなかった。

皮肉にも、むしろ強権政治に慣れきってしまったせいで、体制側はもちろん、抑圧されてきた側の人々さえも、「これから大変なことが起きるのではないか」と不安を覚えたのである。

李登輝は、ともかく「蔣経国路線を継承する」ことを宣言した。「台湾を民主化させ、人々が枕を高くして寝られる世の中に」という願いは頭の片隅に追いやり、とにかくいままで通りだ、社会が大きく変わるようなことはない、ということを内外に知らしめることで、社会の安定を最優先に考えたというのは、第1章の「リーダーの言葉3」でも見た通りだ。

2年後の1990年、李登輝は「ピンチヒッター」とはいえ、現職の強みを生かし、党内の総統選挙候補者レースを勝ち抜き、間接選挙でも圧勝した。名実ともに選挙で当選した「正当な」総統の座に就いたのである。

台湾の民主化へ、着実な一歩を踏み出すため、当時どうしても李登輝が避けて通れない問題があった。それが国民大会（憲法よりも上位に置かれた民意代表）や立法院（国会）に居座った「万年議員」と呼ばれる連中である。

1991年、自身の権力基盤が固まりつつあるのを見越した李登輝は、いよいよ民主化へと舵を切る。国民大会代表や立法委員に対し「引退してほしい」と頼んで回ったのだ。

当時、そうした「万年議員」は数百人にのぼった。ひとりずつ説得し、根回しをしていては時間も労力も膨大にかかる。さらに、李登輝が彼らに引退を勧告することが伝わると、特権を手放したくない彼らは頑強に抵抗する姿勢を見せた。そこで李登輝が持ち出したのが「金銭」だった。

ここで李登輝が金を持ち出したのには理由がある。戦後数十年も居座る「万年議員」と呼ばれるだけあって、彼らの多くは老齢だ。引退と聞いて真っ先に心配するのが老後の生活だろう。

そこで李登輝は補償として、ひとりにつき500万元という法外な退職金を用意することを提示した。当時のレートで、なんと約1億2700万円という大金だ。

李登輝はこう語った。

「彼らももはや民主化の波がそこまで迫っていることはわかっているんだ。

いつまでも居座れやしないってこともわかってる。少しでも有利な条件を引き出そうと抵抗しているにすぎないんだ」

退職金の金額や、それを預金した場合の利率を優遇したことによって、李登輝の狙い通り、最終的には全員が引退に同意した。

数百人という人数、一人ひとりに対する説得や根回し、予想される頑強な抵抗。これらに時間と労力をかけていたら、万年議員の全員退職など早期に実現することは不可能だっただろう。彼らにとっては引退に同意しない、とかたくなに反対し続ければいいのだから。

その点、李登輝の考え方はシンプルかつ明快だった。

「退職金はこれだけ準備する。だから引退してほしい」

それにより、選挙で総統に選出されてから1年あまりで「臨時条款」は撤廃され、万年議員たちは引退していった。李登輝の考える「金銭」を使う効果が最大限に発揮された場面である。

「金銭で時間も労力も節約できるのであれば、ケチる必要はない。金で解決できたというのであれば、そもそも大きな問題ではなかったということだ」

そして続けるのだ。

「お金というものを汚いと思ってはいけない。適切なタイミングで使うのであれば問題を解決するための工具として大いに役立ってくれる」

1988年1月21日、蔣経国の急逝を受けて総統昇格後、参謀総長や3軍の司令官から国防について報告を受ける李登輝。真ん中奥に立つのが「リーダーの言葉4」で紹介した、のちに政敵となる郝柏村参謀総長だ。

情報は、
常に複数の情報源から。

２０１９年末、台湾では翌２０２０年1月11日の総統選挙へ向け、選挙戦が真っ盛りとなった。４年に一度の総統選挙だが、国会議員にあたる立法委員選挙も同時に行われ、政権が変われば中国との距離感が一気に塗り替わるとあって、大きな盛り上がりを見せたのだ。

昨今の選挙あるいは政治の世界で顕著なのが情報戦、とくにサイバー戦の激化である。総統選挙に先立ち、２０１８年11月には統一地方選が行われたが、ネット上では中国が意図的に流したフェイクニュースが飛び交い、与党の大敗を引き起こしたと報じられた。有権者がＳＮＳや掲示板に投稿された真偽不明の情報に惑わされ票が大きく動いた、というのだ。

そうした「情報戦」を耳にするたび思い出すのが、李登輝の「情報」に対する姿勢だ。李登輝は常々、

「情報源を一本化するな」

と言っていた。つまり、ニュースソースがひとつだけの情報には用心せよ、ということだ。

台湾総統という地位にあった李登輝の決定は、国家の命運を左右する。しかし、その決定の判断基準となるのが情報である。その情報に「用心せよ」とはいかなることなのか。

当時、李登輝は総統と同時に、与党国民党の主席を兼務していた。しかし、李登輝が進めた民主化政策に対して「独裁権力をむざむざ手放さなくとも」と反感を持つ党上層部も多かった。どうにかして李登輝の足元をすくってやろうという輩《やから》が、党内にさえ跋扈《ばっこ》していたのである。

そんななかにあって、李登輝のもとに届けられる情報は玉石混交《ぎょくせきこんこう》だった。党内では常に「反李登輝」勢力が、政策面や人事でいかに自分たちの影響力を伸ばすかに腐心していたが、漏れ聞こえてくる情報は確実なものとはいえなかったし、あからさまに攻撃することは党内に亀裂が生じるため、はばかられるような状態であった。

1990年、李登輝ははじめての選挙戦に挑んだ。88年に蔣経国総統の急逝にともない、憲法の規定によって総統の座に就いていたが、その残り任期が切れるためである。当時は国民代表大会による「間接選挙」であったが、間もなく党公認の候補者を決めるという時期に「クーデター」との情報が飛び込んできた。

李登輝が進めてきた台湾の民主化政策をよしとしない勢力が、ひそかに独自の総統候補者を立て、党内で根回しを進めている、というのだ。民主化の歯車がようやく回り始めたこの時期に、反李登輝派の候補者が総統の座に就けば、台湾が過去の強権的で腐敗した社会に後戻りするのは目に見えていた。

だが、党の公認候補を決める日まであと数日しかなかった。

この情報をもたらしたのは新聞記者から聞いたという側近のひとりだったが、李登輝は当初内部を攪乱《かくらん》するための偽情報だと思ったという。李登輝自身、それまで党内の反対派の動きには目を光らせていたためで、いまになって思えば、それほど水面下の奥深くでクーデターまがいのことが進んでいたことになる。

李登輝は早速、国家安全会議に調査を命じた。その結果、判明したのは反李登輝派が画策していることは事実であり、あまつさえ当日の採決の際には、従来の起立方式ではなく投票方式に変更する臨時動議の提出を準備しているという情報まで把握した。

起立方式であれば誰が反対派か一目瞭然だが、投票方式であれば秘密が守られるというわけだ。

こうした情報は、李登輝が指示して集めさせた別の派閥の領袖《りょうしゅう》からも入ってきた。つまり、情報の確実性が高まったということだ。李登輝は常日頃から、情報チャンネルを一本化せず、複数置いていた。危機のときこそ、これらの情報源が威力を発揮したのである。

李登輝は側近に指示し「党の候補者をひっくり返そうというクーデターの動きがある。候補者を決める方式を投票に変えようと画策しているグループがいる」という情報を大手新聞社にリークした。投票前夜のことである。

翌日早朝。党候補者を決める会場には、多くのマスコミが詰めかけていた。姿を現すやたちまち新聞記者に囲まれた反対派と目される人物は「いったい誰が漏らしたんだ」と叫んだ。李登輝が情報戦に勝った瞬間だった。

現在に目を向ければ、匿名性の高いネット社会の発達で、情報戦はよりいっそう複雑な時代を迎えているといえる。もちろん台湾を取り巻く国際環境や政治の世界においては、対中国との神経戦や、中国の顔色をうかがいながら台湾との距離感を保たなければならない日米の動きなど、なかなか裏が取れなかったり、複数の情報源を使うことが難しい局面も多いことは確かだ。

ただ、李登輝が言う**「情報は、常に複数の情報源から」**という言葉は、政治の世界のみならず、企業の経営者やリーダーの地位にある人たちにとっても、情報を取り扱ううえで大きな示唆になるだろう。

リーダーの立場にいる人間は、誰もが孤独である。その孤独さを逆手に取り、自分たちに有利な情報だけを届ける、あるいは都合の悪い情報を報告しない、といった行動に走る人物に心当たりはないだろうか。

情報は、すべての判断の源である。単一の情報源だけを根拠に判断を下すのではなく、できる限り複数の情報源から情報を得る。この原則を貫くことができれば、大切な局面における判断ミスも大いに回避できるのではなかろうか。

知略の言葉

3

権力の放棄もまた
資質である。

本書でも何度か触れてきたように、2020年1月11日、台湾で総統選挙および立法委員選挙が行われた。与党民進党の蔡英文総統と、最大野党国民党の韓国瑜《かんこくゆ》・高雄《たかお》市長による一騎打ちとなったが、結果は蔡英文が800万票以上を獲得して圧勝した。対する韓国瑜は約550万票の得票率39％で敗れた。とりあえずは、台湾にとっても、日本にとってもよい結果が出たと言えるだろう。

18年11月の統一地方選挙で民進党は惨敗ともいえる負け方を喫したが、この選挙で文字通り「キラ星のごとく」登場したのが韓国瑜だった。韓国瑜は「庶民派」をアピールし、民進党政権に飽きが来ていた有権者のハートをつかみ大勝した。

このときの大敗で、2020年の「蔡総統再選」は消えた、と誰もが思った。巻き添えにされてはかなわないと考えた党内関係者の口から、蔡総統に対する不満が漏れ聞こえてきたのだ。

このように結果としては勝利を収めたものの、与党民進党内では、総統候補者を決める予備選時にひと悶着《もんちゃく》あった。蔡総統続投では勝てない、と踏んだ行政院長経験者の頼清徳が総統候補者として名乗りを上げたのだ。

前に述べた通り、蔡総統の支持率は長らく低迷しており、再選には黄信号が灯っていた。だが、続投に意欲をにじませる蔡総統自身および主流派の意向と、「勝てる候補」を立てたい頼氏派の思惑が真っ向からぶつかり、党を二分する事態にまで発展したのだ。

結局、最終的には現職の蔡総統が党候補者と決まったわけだが、この一連のドタバタ劇を見るに、李登輝の「権力者」としての引き際との違いを感じざるを得なかった。

現職の総統だった李登輝は、２０００年の総統選挙には「出馬しない」と明言していた。後継候補を立て、自分は引退すると公言し、実際にその通り行動した。

１９９０年代の民主化は、まさに李登輝の時代だったといってよい。

それまで間接選挙によって選出されていた総統を、国民が自分たちの投票によって選出する方式に改めたのも李登輝だ。96年に行われたはじめての直接選挙で大勝した李登輝は、憲法上の規定でもう一期続けることができ、周囲の多くもそれを望んだ。

にもかかわらず、引退を決めたのである。
李登輝は、その理由をこう語る。

「現職総統の私が引き続き出馬すれば、国際社会は、これまで台湾を牛耳ってきた蔣家にかわって李登輝が権力を独占しているととらえるだろう。その代わり、私がここで身を引けば、台湾は本当の意味での民主主義を実践していると世界にアピールできるじゃないか」

1945年、敗戦によって台湾は日本の統治下を離れる。その後、占領統治を担ったのが国民党率いる中華民国だった。
以来、国家の権力は蔣介石から息子の蔣経国へ移譲され、台湾は長い間、国民党の独裁体制下にあった。台湾にその民主化の芽がわずかなりとも芽生えてきたのは、国際社会の圧力に抗《あらが》い続けるのが難しくなってきた蔣経国時代の末期である。そして蔣経国の急逝によって総統に昇格したのが、当時副総統の李登輝であった。

李登輝は自身の手で進めた台湾の民主化の過程で、人間が権力に執着する様を「嫌というほど見てきた」と語る。2000年、総統選挙が終わったばかりのことだ。

李登輝はこの選挙には出馬せず、後進に道を譲ることを前々から言明していた。民主化がまだ100パーセント達成されたとはいえないが、すでに12年あまり総統職を続けていることから、次の人間にバトンタッチすることで、国際社会に台湾の民主化をアピールする狙いもあった。そこで、李登輝を継ぐ後継者として国民党の総統候補になったのが連戦《れんせん》である。

連戦は1996年から副総統として李登輝を支えてきた。そのため、候補者としては順当だったのかもしれないが、問題はあまり人気がないことだった。当時のことを思い出す李登輝も「あの選挙は参った。だって全然手応えがないんだから」と苦笑いするほどだった。

ただ、苦笑いでは済まないことが直後に起こる。総統、副総統として一緒に仕事をし、選挙に際してはあれほどサポートしたにもかかわらず、惨敗が決まった直後、連戦は李登輝に「責任を取って、すぐにでも国民党主席を辞めるべきだ」と迫ったというのだ。

実をいうと、連戦の父親である連震東《れんしんとう》と李登輝は縁があった。李登輝が政務委員として政治の世界に入った頃、連震東もまた政務委員として机を並べていたのだ。その当時、息子である連戦は駐エルサルバドル大使として赴任していた。

すると、李登輝が蔣経国から目をかけられていると見てとった連戦の父親から「息子はあんな中南米の国に行かされてしまった。台湾に早く戻してくれるよう蔣経国に頼んでくれないか」と口利きを頼んできたことさえあったという。

ともかく連戦は、負けたと見るや、いち早く李登輝の追い出しにかかった。連戦の「すぐにでも辞めるべきだ」という言葉に「心が凍った」李登輝だったが、即座に党主席辞任を表明している。後釜に座ったのは、もちろん連戦だった。以降、連戦は国民党主席として中国共産党に急速に近づき、のちの馬英九《ばえいきゅう》政権で台湾と中国が過度に接近する呼び水を作り、大きな批判を浴びている。

一方、権力の座からスパッと降りた李登輝に対しては「見事な引き際」と称賛する声が高まった。しかし李登輝に言わせると、「**権力の放棄もまた指導者としての『資質』だ**」という。自分が権力を持ち続けることで国家あるいは会社への貢献が果たせる、と思うことも大事ではあるが、客観的な観点から、権力というものをとらえることも重要だ。

果たして「**自分が権力を放棄することによって、国家や会社に対する貢献はより大きくなるのではないか**」と。そうした場合に、いさぎよく権力を放棄することができるか否か。そこにまたリーダーとしての「資質」が試されている、と李登輝は言いたかったのである。

自身は引退すると決めた2000年の総統選挙で、後継の連戦国民党候補の応援演説をする李登輝。自分のことより、台湾の未来を考えての決断だった。

4

必要なところへ、
十分な額を、
適切な時機に突っ込めば、
金は何倍もの効果を生む。

国民党は、世界で最も「お金持ちの政党」だと長らく言われてきた。昭和20年まで台湾を統治していた日本が敗戦によって去ったのと入れ替わりにやってきて、台湾の占領統治を担ったのが、国民党率いる中華民国だったのだ。

国民党は、戦後の日本人の引き揚げに際し、厳しい条件を設けた。ほんのわずかな身の回り品と、雀の涙ほどの現金以外持ち出すことを禁止したのだ。その結果、日本人はその資産のほとんどを、台湾に置いていかざるを得なかった。

たしかに日本の台湾統治は下関条約による割譲という合法的なものだったとはいえ、植民地的な性格を持っていたことは否めない。とはいえ、個人が努力して築き上げた資産を、敗戦により文字通り一夜にして失う悲哀は想像してあまりある。

これによって国民党は莫大な資産を手に入れた。戦後、一部の日本人の間では「国民党の蔣介石総統は『怨《うら》みに報ゆるに徳を以《もっ》てす』と述べて日本に対する賠償を放棄してくれた」と恩義を感じている人も多かったと聞く。

しかし真相は、日本から賠償金をもらう以上の資産がすでに手に入ったわけで、下手に賠償請求などすれば「では賠償するから、台湾に残した資産を返還してほしい」

とやぶへびになる恐れがあったからにすぎない。

そんなわけで現在でも国民党は大変裕福な政党で、その資産力は選挙のときには大きな力を発揮する。もちろん台湾でも法整備が進められ、湯水のごとく資金を選挙活動に注ぎ込むことは不可能になったが、先立つものが多いほど選挙戦を優位に戦えるのは日本も台湾も同様である。

そうした莫大な資産を、さまざまな場面で効果的に利用したのが李登輝だ。

典型的な例が、1999年9月21日に台湾中部で発生した「921大地震」のときである。深夜2時近くに起きた震度7の地震によって、死傷者1万3000人あまりを出し、ビルの倒壊など多くの被害を生んだ。李登輝は早速、翌朝早くに空路で台湾中部へ飛び、被害状況を把握した。震源地付近は山間部で被害も広範囲にわたっており、復旧までは長い時間がかかることが予想された。

その翌日から李登輝は、日中は各地の現場を歩き回り、夜は台北の総統府で会議を開く日々を1カ月以上も続けた。李登輝が現場に入るとき、必ず同行させたのが軍の参謀総長と総統府秘書長（官房長官に相当）だった。救援作業や復旧作業を行うためには、軍の力を最大限使わなければならない。そのため軍の迅速な指示系統を維持するために参謀総長をともない、かつ、行政面からのサポートも必要なため、総統府秘書長も連れ立ったのだ。

山間の被災地を回っていると、そこかしこに大きな被害を受けた村々が点在している。村長に話を聞くと「まだ中央政府から何の補助金も来ていない」という。そこで李登輝は同行する秘書長に命じ、被災地の規模や被害の度合いによって100万元、200万元といった現金を手渡し「**これを当座の復旧作業に使いなさい**」と励ましたという。

これこそ李登輝が言う金を、「**必要なところへ、十分な額を、適切な時機**」に突っ込んだ例だ。李登輝は、こう言って笑った。

「**政府で臨時予算を組んで、救済金を支給するといっても、こんな末端の村にまで届くには何カ月もかかってしまう。しかし、目の前には復旧させたく**

ともに金がなくて困っている人々がいる。そんなときに、国民党の金庫にあった金を使ったんだ」

李登輝が使った国民党の資産は、本来、党の利益になるために使われるものだ。しかし、李登輝は、台湾の改革や国家の非常事態に直面した際に、国民党の金庫に眠る資産を自在に使った。

もちろん、総統兼党主席という権力者の座にあったがゆえに自由に金を使うことができた、という言い方もできるだろう。しかし、金は適切な使い方をしなければ、その価値が死んでしまう。まさに意味のない金に成り下がってしまうのだ。

金の使い方について、もうひとつのエピソードがある。921大地震が起こってしばらくしたときのことだ。当時、日本財団の会長を務めていた曽野綾子《そのあやこ》さんが、日本円で3億円あまりに相当する義援金を届けに台湾へやってきてくれた。

すると李登輝は、曽野さんにこう言った。

「実を言うと、政府はいまお金にはそれほど困っていない。だからこの義援金を活用して、災害救助のためのＮＧＯ設立に使いたいと思うのだが、よろしいだろうか」

９２１大地震では、いち早く日本が救助隊を派遣し、最新鋭の機材と細やかな救助活動にあたったことが台湾の人々から称賛されていた。李登輝は、台湾にはまだまだ災害時に使える機材が不足していることや、普段は別の仕事をしていても、いざというときにＮＧＯのメンバーとして災害救助にあたる人間を育成しなければならない、と考えていたのだ。

結果、日本財団からの義援金を活用したＮＧＯが設立され、最新鋭の設備も整えられた。それによって、たびたび起こる自然災害などでもＮＧＯのメンバーが活躍し、人命救助などに大いに役立っているという。

これらの例から見てもわかる通り、李登輝は、必要なところへ、十分な額を、適切な時機に突っ込んだ。それによって、その金は、もともとの額よりも何倍もの効果をもたらす結果を生み出したわけである。

1999年9月21日に台湾中部で発生した大地
震「921震災」直後、被災地を視察する李登輝。

第4章 希望の言葉

2014年、日本からの研修団を前に

希望の言葉

1

私は権力ではない。
権力とは借り物だ。

郵便はがき

料金受取人払郵便

牛込局承認

9410

差出有効期間
2021年10月
31日まで
切手はいりません

162-8790

東京都新宿区矢来町114番地
神楽坂高橋ビル5F

株式会社ビジネス社

愛読者係 行

ご住所 〒 TEL:　　　(　　　)　　　　FAX:　　　(　　　)			
フリガナ お名前		年齢	性別 男・女
ご職業	メールアドレスまたはFAX メールまたはFAXによる新刊案内をご希望の方は、ご記入下さい。		
お買い上げ日・書店名 年　月　日　　　市区 町村　　　書店			

ご購読ありがとうございました。今後の出版企画の参考に
致したいと存じますので、ぜひご意見をお聞かせください。

書籍名

お買い求めの動機

1　書店で見て　2　新聞広告（紙名　）
3　書評・新刊紹介（掲載紙名　）
4　知人・同僚のすすめ　5　上司、先生のすすめ　6　その他

本書の装幀（カバー），デザインなどに関するご感想

1　洒落ていた　2　めだっていた　3　タイトルがよい
4　まあまあ　5　よくない　6　その他(　)

本書の定価についてご意見をお聞かせください

1　高い　2　安い　3　手ごろ　4　その他(　)

本書についてご意見をお聞かせください

どんな出版をご希望ですか（著者、テーマなど）

やや旧聞に属するが、日産自動車のカルロス・ゴーン前会長が逮捕された事件は台湾でも大きく報じられた。日本車が人気の台湾では、トヨタと日産が売上も人気も二分しているからだ。

ゴーン氏は結局、不当な手段で日本からレバノンへと逃走してしまったため、真実の解明はほぼ不可能といわれているが、逮捕後の報道で目にしたのは、日産という大企業の権力を一手に収め、公私の区別さえ見えなくなってしまったかのようなゴーン氏の振る舞いだ。

たしかに、「倒産間近」とさえささやかれた日産の危機を救い、立て直したのがゴーン氏の手腕だというのは間違いないだろう。本人の著書でも「社員の多くは変革の必要性を感じていたが、これまでのしがらみに縛られて有効な手を打つことができなかった」と述べられている（『ルネッサンス──再生への挑戦』ダイヤモンド社）。

下請け業者に要求する値引きも、双方の落とし所を探るようにしつつ、ゴーン氏は社長としての権力を用いて冷徹なコストカットを命じたそうだ。

ゴーン氏は、企業再生のために権力を用い、順調に業績を回復させていったが、その陰で同じ権力を用い、社業とは関係のない出費についても会社に肩代わりさせるようなことをしていたとも報じられた。

本来、権力とは会社あるいは国家など、組織の最高指導者の地位に就いた人物が、組織をよりよい方向に進めるために用いるものである。組織のためになる、という信念を持って行使した権力ならば、たとえ冷徹とされようが、結果的に組織を利することができなかった行為であっても、完全否定してしまっては、逆に禍根を残してしまうように感じる。

その点、李登輝の「権力」というものに対する考え方は、至極シンプルかつ徹底していた。

まず李登輝は「**自分は権力ではない**」とした。権力というものが、李登輝という人間に属するのではなく、ただの借り物にすぎない、という考えだ。

この場合、借り物というのは、有権者あるいは国民から貸与された、と解釈するべきだろう。こうした考えに即せば、ゴーン氏は日産という企業の社員、あるいは株主や日産車ユーザーから、会社立て直しのために権力を貸与されただけ、ととらえることができる。

さらに李登輝は、権力を国家や企業にとって何か困難な問題や理想的計画を執行するための道具にすぎない、とした。そのうえで、権力は一時的に有権者から借りたものにすぎず、仕事が終わればいつでも返さなければならないものとしたのだ。

李登輝のこうした価値観が、どのように形成されていったかについては推測するしかない。無任所大臣として政界に入ってから台北市長、台湾省主席、副総統、そして総統へと出世の階段を上がるにつれ、周囲の人間による権力の行使の仕方に違和感を覚えていたのは間違いないだろう。

なにせ、李登輝の人間形成に大きな影響を与えた日本教育では「正直や清廉潔白、法を守り、勤勉である」ことが美徳とされた。これらの価値観を体現する言葉として、台湾語には現在も「日本精神」という言葉が残っている。ところが、戦後、中国からやってきて台湾を占領統治した国民党政権は、それらとは真反対の価値観にまみれていたからだ。

知られざるエピソードを紹介したい。

1994年、当時『週刊朝日』に「街道をゆく」を連載していた作家の司馬遼太郎と李登輝の対談が行われた。この対談では、現職の総統であり国民党主席の李登輝が「国民党も外来政権だ」と発言するなど大きな話題となった。

すでに親しい友人となっていた李登輝に対し、司馬遼太郎は「李さん、あなたのためを思うと、次の（96年の）総統選挙には出馬しないほうがいい」と言ったという。その席には、「台湾紀行」にも登場する蔡焜燦《さいこんさん》さん（知日派の実業家）もいたというから、食事の席だったのかもしれない。

しかし、結果的に李登輝は、はじめての直接投票の方式となった選挙に出馬し勝利を収めている。李登輝自身、1996年の時点では「台湾の民主化をさらにもう一歩進めなければならない」と考えていたのだろう。「自分がもう1期、総統を務めて台湾の民主主義を確固たるものにするしかない」という使命感である。

そして１９９９年、李登輝は次の総統選に出馬しないことを公言した。選挙に出さえすれば、それまでの民主化の功績から、勝てることは十分に見込めたにもかかわらず、である。

その理由を李登輝は、このように説明した。

「選挙による政権交代ほど、台湾に民主主義が根づいたことを国際社会にアピールする方法はないだろう。しかも、台湾の人々にも、台湾が民主化を成功させたという自信を持たせることができる。だからこそ私は出馬しなかったんだ」

選挙は民進党の陳水扁候補の勝利に終わり、結果的に台湾初の平和的な政権交代が実現することとなった。

これについて李登輝は言う。

「権力とは一人ひとりに与えられた力ではなく、必要なときにだけ取り出して使うことができるものにすぎない。事に当たるには権力が不可欠だが、いつでもそれを手放す覚悟がなくてはならない。つまり、権力とは『借り物』であって、使い終わったら国民に返すべきものなのだ」

この信念の通り「一定の民主化は果たした」として権力を自ら手放した李登輝の姿勢は、台湾でも大きく称賛された。

まさに国家という組織のために権力を用いたのであって、個人や党の利益を考えたからではなかった。ここに、失脚した日産のゴーン氏と、いまも台湾で尊敬を集める政治家としての李登輝との、決定的な差を見ることができるだろう。

1988年7月7日、故蔣介石夫人の宋美齢と
会った際の李登輝。当時の宋美齢は、まだ
国民党に対して大きな影響力を持っていた。

2

前例のない事態には、
前例のない対応をせよ。

平成の世もそうだったが、令和になってからも自然災害、とりわけ台風や洪水といった水害は絶えない。被災された方々に心からお見舞い申し上げたい。

近年では２０１９年８月、そして10月と、相次いで大型台風に襲われた千葉県をはじめとする各県都で激甚災害指定がなされた。とくに、台湾でも大きな被害の様子が報じられたのが千葉県だ。

実は李登輝も、大東亜戦争末期の一時期を千葉県で過ごしていた。

１９４５年春、帝国陸軍少尉だった李登輝こと日本名、岩里政男《いわさとまさお》は、高射砲部隊の一員として千葉県の稲毛に駐屯していた。３月10日の東京大空襲では、戦死した小隊長に代わって指揮をとり、米軍相手に奮戦したという。

そのような思い出の地であるから、２０１９年の台風被害の様子をＮＨＫで見ながら心を痛めていた。

もっとも、李登輝自身も「前代未聞」の災害に遭遇したことがある。

１９９９年９月21日深夜１時47分、台湾中部をマグニチュード７・６の大地震が襲った。起きた日付から台湾では「９２１大地震」「９２１震災」と呼ばれている。発生当時、李登輝夫妻は官邸でまだ起きていて、それぞれ読書や縫い物で過ごしていたという。李登輝は地震が起きた瞬間のことをこう語る。

「突然電灯がスーッと暗くなったので、どうしたんだと見上げていたらグラっと来た」

すぐに軍と連絡を取り状況を確認させると、台湾中部で大地震が発生したという。李登輝は夜明けとともに飛行機で台中に向かい、その惨状を目の当たりにした。そして、夕方には台北にとって返し、総統府内で緊急会議を開く。

さらに翌日から、午前中は被災地を視察し、午後は台北に戻って問題点を処理していくというスタイルを、１カ月近くにわたって続けたのである。

このときの前代未聞の対応は、遺体の処理であった。

あたかも震災発生は９月。放置すれば数日で遺体は腐敗を始め、ひいては伝染病が発生するおそれもある。すでに死者は４０００人との報告が上がってきている。台湾も日本と同じく、医師による死亡診断書が発行され、しかるべき場所で火葬してから、はじめて埋葬することができる。

しかし各自治体がバラバラに死亡証明書を発行していては混乱が生じる。そのため、作業系統を一本化し、被害がなかった自治体からも応援を呼んで速やかに死亡証明書を発行できるようにした。

また、棺桶の不足も問題だった。

そこで李登輝は棺桶ではなく「遺体袋」を使うようにした。棺桶は木製だし、急ピッチで作るというわけにもいかない。しかし、軍などで使用されている遺体袋であれば、4000という数を調達することは可能だし、とりあえずそれを使えば遺体をそのまま放置することもない。死者の尊厳を守りつつ、棺桶不足をどう補うか、李登輝が頭を悩ませた結果だった。

こうして李登輝の震災対応は比較的スムーズに進められていった。その根底にあるものを李登輝はこう言う。

「あの3月10日の東京大空襲だ。翌日から私たちは遺体の収容や、焼けた家

屋の片づけに追われた。軍というのは戦争するだけでなく、戦場の『整理』も重要な仕事だと悟ったんだ。あの経験があったから、921震災のあとの対応でも、何をしなければならないか、ということを即座に理解したんだ」

日本も台湾も、地震や台風など自然災害の多い国柄だ。ひとたび災害が起きれば、リーダーの地位にある者は「前例がないから」という理由で決断を回避することはできない。前例のない事態には、恐れることなく前例のない対応をすることが、リーダーに課せられた使命なのである。

1999年10月、およそ発生から1カ月経ったが、いまだ921震災の爪痕が残る被災地を見て回る李登輝。

希望の言葉

3

参謀は指導者に適さない。
指導者に必要なのは
信念である。

李登輝が台湾の総統として、一滴の血も流すことなく民主化を達成させたことは日本でもよく知られているが、そもそも李登輝がなぜ政治の世界に入ったかを知る人はそう多くないだろう。

李登輝はもともと農業経済学の学者だった。なぜ農業経済を志したかについてはいくつか理由がある。

李家は台北市郊外の、現在は観光地としても有名な淡水区よりさらに北へ行った三《さん》芝《し》区の地主だった。毎年暮れになると小作人が、鶏のつぶしたのや何やらを抱えてやってきて「来年も田んぼを耕させてください」と頼んだという。

幼いながらもそうした光景を見ていた李登輝は、「同じ人間でありながらなぜ不公平なのだろう」と考えたそうだ。この記憶が、のちに総統になってからも、とりわけ農民に心を砕いた一因になったのだろう。

また、成長した李登輝は日本統治下の旧制台北高等学校で学んだ。本の虫で、歴史を学ぶのが好きだった李登輝は、漠然と「将来は歴史の教師になりたい」という思いを抱くようになる。

ただ、そうした一青年の夢は厳然たる植民統治のもとではなすすべもなかった。明文化はされていないものの、この時代、台湾人が高等教育の現場で教師になることは、ほとんど不可能であったからだ。

そんな折、満鉄の調査部で働く台湾人の先輩の話を聞く。日本人、台湾人関係なしに、実力で評価される仕事だという。そこで、高校時代に新渡戸稲造の『武士道』と出会ったこともあり、新渡戸が農業経済学を講義した京都帝大への進学を決めたのだ。

残念ながらこの人生設計は戦火と日本の敗戦によって頓挫《とんざ》する。しかし、台湾に戻ったあとも李登輝は引き続き農業経済学を学び、二度のアメリカ留学も果たした。農業経済学の博士号を土産に凱旋帰国した李登輝の名前は、新進気鋭の学者としてますます知られるようになるのである。

それに目をつけたのが、当時、行政院長（日本の首相に相当）だった蔣経国だった。

蔣経国から政務委員（無任所大臣）に任命された李登輝は、農家へのローンや税制、肥料や電力の問題など、台湾の農業を現代化させることに大きく貢献した。

このときの李登輝はいわば蔣経国の「参謀」だったと言っていい。参謀たる李登輝は、農業経済の専門家の見地からあらゆる提言を蔣経国に行った。なかには蔣経国や国民党にとって耳の痛いこともズバズバ発言したという。そのため蔣経国の李登輝に対する信頼はますます高まった。

当時、蔣経国を取り巻く人間たちは、覚えをめでたくしようとすり寄ってくる者ばかりだった。そのなかにあって李登輝は、与えられた職務に邁進《まいしん》し、台湾の農民たちのために言うべきことははっきり言うくせに、蔣経国に対してはおべんちゃらのひとつも言わない。

「私はもともと政治家になりたかったわけでもないし、出世したいという欲もなかった。ただ、台湾の農業を発展させるためにはどうすればよいかということを考えていただけだ」

という無欲さゆえ、蒋経国の信頼を得たのだろう。

ちなみにこの当時、李登輝は国民党に入党している。国民党といえば独裁体制の本丸であり、台湾の人々にとってみれば唾棄《だき》すべき存在だ。李登輝が入党したことを知った友人たちから、李登輝夫人は「おたくのダンナは頭がおかしくなったのか」と責められたこともあったという。

しかし、李登輝は、

「国民党に入らなければ、重要な会議にも出席させてもらえないし、何か意見を言っても取り上げてもらえない。私が国民党に入ることで台湾の農民のために働けるならたやすいことだ」

と取り合わなかった。

李登輝に聞くと、いくつもの提言をしたなかで「なぜこれを取り上げてくれないのだろう」と思うことが数回あったという。実現すれば台湾の農業の効率化が進むはずなのに、といぶかった李登輝だが、のちにその理由として思い当たる経験をした。

「私は毎回、会議に出る前に、蔣経国はこういう結論を出すだろう、と予習してから出席した。ところが、どうも結論が私のものと食い違う。そのうちになぜ食い違うかに気づいたんだ」

と言う。

つまり、李登輝は「学者」あるいは「大臣」として、台湾の農業についてどうするべきかの結論ばかりを考えていた。しかし、蔣経国は「政治家」として、台湾の「農業政策」をどのように進めるかを考えていたのだ。ときには、党や党所属の国会議員の利益まで考慮して結論を導くことさえあったという。

蔣経国は、一方では独裁体制を維持した人物として批判されることもあるが、李登輝は、

「それでも蔣経国は『中華民国』あるいは『国民党』をいかにして維持していくのか、という信念に基づいて政治を行っていた。批判はあるが、指導者には信念が必要だということを学んだのも蔣経国からだ」

蔣経国の信頼を得た李登輝は、その後、台北市長、台湾省主席、副総統へと、ポストの階段を昇っていく。それによって李登輝の立場は「参謀」から「指導者」へと変わっていった。

蔣経国の急逝によって総統に昇格した李登輝が心に秘めていたのは、

「この台湾に民主主義と自由をもたらす」

という信念であった。

指導者として確固たる信念を持った李登輝が総統の座に就いたことは、台湾の歴史上最大の僥倖《ぎょうこう》だったといえるだろう。

1988年7月23日、当時すでに総統の地位にあったが、自らマンゴーの産地として有名な台南の玉井（たまい）で名産品「愛文マンゴー」を視察する李登輝。農業経済出身だけあって、農業全般に強い関心を持っていた。

経験と見識を
見極めよ。

繰り返しになるが、新型コロナウイルスの防疫対策で、台湾は世界から大きな評価を受けている。

いち早く発生源の中国からの入国を制限するとともに、飛行機から降りた乗客の検疫も実施した。市中のマスクが不足し始めると、政府の管理下に置いて購入枚数を制限する一方、軍を投入してマスク増産をフル回転させた。そして、マスク不足が叫ばれていた２０２０年２月頃から一転、４月上旬にはマスクを欧米諸国に寄付する「マスク外交」を展開するほどになっている。

こうした数々の徹底した政策を担ったのが、防疫対策指揮センターで指揮をとる陳《ちん》時中《じちゅう》や、２０２０年5月まで副総統を務め、新型コロナ対策に関するアドバイスや情報発信を積極的に行った陳建仁だ。

陳前副総統は防疫の専門家で、２００３年にＳＡＲＳ（重症急性呼吸器症候群）が台湾で猛威を振った際、衛生福利部長（衛生相）としてＳＡＲＳ撲滅の先頭に立った。また陳時中はもともと歯科医であり、民進党の医学分野における白書や政策立案のアドバイザーとして政治に携わってきた人物だ。

ちなみに、陳健仁のあとを継ぎ副総統に就任した頼清徳も台北市長の柯文哲《かぶんてつ》も医師出身だ。また、IT大臣である唐鳳《とうほう》（オードリー・タン）がマスク購入アプリの作成を指揮し、政府の管理下で制限はありながらも、国民への利便性を提供している。

このように、公衆衛生や防疫、ITといった「その道のプロ」が政府の人間として防疫政策を進めていることは、台湾の国民から大きな信頼を得ている。いわば「適材適所」が新型コロナウイルス対策でピシャリとはまったわけだが、その人事を行ったのが蔡英文総統だということに注目したい。

蔡総統の人事はまさにその分野のプロを適切なポストに配置したわけだが、どうもこの人事は、李登輝が現役総統のときに進めた「**経験と見識を見極めよ**」を踏襲しているように思えるのだ。

李登輝政権下における蔡英文自身を例に挙げよう。

台湾は1990年代に入り、WTO（世界貿易機関）の前身であるGATT（関税貿易一般協定）への加盟を目指した。

「アジアの四小龍」と呼ばれたように、当時の台湾は高度経済成長期であり、多角化し始めた国際経済や貿易を背景に、李登輝政権がＧＡＴＴへの加盟を悲願としたのだ。加盟の準備作業は膨大だったという。さまざまな産業に大きな影響をおよぼすため、関税水準や補助金をはじめ、決めなければならないことが多すぎた。

この当時、蔡英文はイギリス留学から台湾に戻り大学で教鞭《きょうべん》をとっていた頃で、まだ若手の部類だ。そんな彼女に白羽の矢を立てたのが李登輝だった。

蔡の研究テーマは「不公平貿易措置とセーフガード」。当時の台湾には「国際経済法」について理解していた人材がほとんどいなかったので、李登輝は蔡英文を抜擢《ばってき》して法律顧問に据えたのである。

この李登輝の人事の妙は、もしかしたら李登輝自身もまた蔣経国から学んだのかもしれない。李登輝は米コーネル大学で農業経済を学び博士論文を書いた。博士論文は、台湾社会は農業と工業の両方に投下できるほどの資本はまだ蓄積されていない。まずは農業部門で資本を蓄積し、それを工業に投下することで発展させるべきだ、という内容で全米最優秀論文に選ばれた。

台湾に戻った李登輝を待っていたのは、台湾大学教授のイスだった。

その当時、まだ行政院長だった蔣経国が頭を悩ませていたのが、農村の疲弊だった。李登輝がGATT加盟推進に際し、若手ながらも蔡英文の「経験と見識」を買って抜擢したのと同様、李登輝もまた蔣経国に抜擢され政務委員（無任所大臣）として政治の世界へと足を踏み入れた。

李登輝の場合は農業経済学、蔡英文は国際経済法と分野は違えど個人の類《たぐい》まれな能力によって抜擢され、政界入りするプロセスまでそっくりだ。蔣経国は李登輝に農村改革のほか、職業訓練や石油化学工業の振興も任せた。李登輝も自分が学問の分野で蓄えてきた知識を、政治という実践の世界で思う存分使うことのできる充実感もあっただろう。

「その道のプロ」に任せることが、本人の知識と実践という相乗効果を生み出していく実例は李登輝や蔡英文だけでなく、新型コロナウイルス対策で手腕を発揮した陳時中や前副総統の陳建仁の例を見ても一目瞭然だ。

ひるがえって日本の場合はどうだろうか。内閣改造のたびに誰が大臣ポストを手に入れるかが注目されるが、「適材適所」とは言い難く「経験と見識」とは程遠い人事がなされることがほとんどだ。

もちろん、憲法で大臣の半数以上を国会議員としなければならない議院内閣制をとる日本と、民間人登用が主体の台湾の双首長制では事情が異なる場合があるだろう。しかし、国を預かる政治の世界の人事で重要なのは、まさに「経験と見識」によって人材が配置されることだ。

戦後80年近く、自然災害を除けばほとんど国家的危機に直面してこなかった日本の、論功行賞や派閥の力学によってポストが分配される仕組みは、まったく非常事態に対応できないことが露呈した。これは企業の人事でも同じようなことがいえるだろう。

決して情実人事ではなく、個人の能力や見識がポストを決めることになれば、あたら有能な能力を埋もれさせることもないだろう。

この全世界的規模の非常事態を前に、日本人は日台の差を真摯《しんし》に考えるべきではないだろうか。

希望の言葉

5

個人の感情や価値判断よりも、国家や国民の利益を優先させよ。

２０２０年夏、台湾ではチェコの上院議長が8月末から訪台すると報じられた。チェコの憲法では大統領に次ぐ国家ナンバー2の地位だという。台湾と国交を持たない国から、政治的に高いポストにある人物が台湾を訪れるのは珍しいことだが、実はこの訪台には複雑な背景がある。

２０２０年1月にチェコ共和国の首都プラハ市は、台北市と友好都市協定を結んだ。そもそもプラハは、２０１６年に中国の北京と友好都市協定を結んでいた。しかし、その協定の文書に「台湾とチベットの独立に反対する」という文言が含まれていた。そのため、２０１８年に就任した、台湾への留学経験もある若きズデニェク・フジブ市長は、国家間の争議となっている政治的案件が、友好都市協定の文書に含まれているのはおかしいと削除を求めたが、中国側に一蹴されたため、北京との友好都市協定を破棄したのだ。そのうえで、台北市と友好都市協定を結んだ。

このような伏線を踏まえ、チェコは中国と距離を置き、台湾との関係を緊密化するため上院議長の訪問を決めたというのだ。

こうした事態を受けて、日本、台湾では蔡英文総統や頼清徳副総統が訪日することも可能なのではないかという声が上がり始めた。国交を持たない国の政治指導者の入国を禁止する法律はなく、ひとえに政治の決断にかかっている。事実、李登輝も副総統の地位にあった1985年、南米外遊の帰途、トランジットで東京に滞在し、自民党関係者と会食したり箱根を訪れたりしている。

裏を返せば、まだこの当時は台湾の副総統が東京を訪れても中国は文句を言ってこなかったし、日本側が中国に忖度《そんたく》することも必要なかったという証左だ。

しかし、1988年に李登輝が総統に就任し、少しずつ台湾が中国との距離を置き始めると日中の態度がともに変わった。中国は李登輝を「台湾独立の首謀者」と罵《のの》り、日本のとくに親中派の政治家や外務省のチャイナスクールと呼ばれる人々は、中国の顔色をうかがい李登輝を疎《うと》んじるようになったのだ。

実際、現職時代ですら、李登輝が日本を訪問する機会はあった。手元の資料にあるだけでも、1992年に京都で行われた民間の「第4回アジア・オープン・フォーラム」、97年の「京都大学創立百周年」のときである。

それぞれ李登輝は「ぜひ出席したい」と発言していたものの、前者は「天皇陛下ご訪中が終わったばかりなのでご遠慮願いたい」と日本政府から断られ、後者は言うに事欠いて京都大学から「卒業生ではないから」という理由で拒絶されたと李登輝自身の口から聞いた。

そんなわけだから、２０００年に総統を退任した李登輝がようやく日本へ行けると思っても、その道程は簡単なものではなかった。心臓病の治療のための訪日を希望しても「総統を退任しても影響力があるから私人とはいえない」という屁理屈《へりくつ》をかざす親中政治家の妨害を受ける。やがて、なんとかビザが発給されたものの「心臓病治療という人道的見地から」という理由だった。

ビザ発給をめぐって日本政府が不誠実な対応に終始するなか、李登輝も記者会見を開き、珍しく、

「日本政府の肝っ玉はネズミより小さい」

と声を荒らげた。総統を退任した自分の訪日さえ中国の顔色をうかがわなければ決

められない日本政府に、堪忍袋の緒が切れたのだろう。

この当時、外務省のチャイナスクールも中国に忖度する政治家も、主権国家たる日本の利益や日台関係よりも、個人の感情や価値判断を優先させたことになる。日本が自分自身で何かを決めるということを放棄し、中国との間に波風が立たなければ台湾など切り捨ててもいいと考えたのだ。結局このときは、森喜朗首相の決断でビザが発給された。


それに対して、李登輝自身が個人の感情や価値判断よりも、日台の利益を優先させたこともある。

2013年の春、李登輝は日本で行われる日台交流団体の記念式典に招かれた。この団体は台湾における日本との交流団体としては最大規模のもので、台湾が現在も世界に冠たる親日国といわれるのも彼らに負うところが大きい。

招待を受けた李登輝は訪日することを了承した。となれば、飛行機から宿泊、車両、警備、同行者、日本で贈る記念品の手配と準備しなければならない項目は気が遠くなるほどだ。

準備があらかた進み、あと半月ほどで訪日というところまで来たときのこと。淡水の事務所へやってきた李登輝から、私と秘書長が執務室に呼ばれた。人払いしてからいわく、

「今回の訪日は取りやめようと思う」と。

私は平静を装いながら、その理由を尋ねた。体調も悪くないし、台湾で何か問題になっているわけでもない。

すると李登輝は、

「安倍さんが年末に就任したばかりだろう。いま私が訪日すれば中国は必ずイチャモンをつけてくる。そうしたら、せっかくいい滑り出しを見せた安倍政権の足を引っ張ってしまう。私は日本にとっても台湾にとっても安倍さんが総理をやるのがよいと思うから、今回は行かないことにする」

と言うのだった。

この時点で、李登輝の訪日は2007年以来6年ほど途切れていた。日本に行かな

くとも、台湾以上に日本のことが心配な李登輝のことだから、内心はぜひ出かけたいと思っていたに違いない。しかし、個人の感情よりも、いま自分が訪日することで毀《き》損《そん》されるものを比較して断念したのだ。

すでに総統の座を退いて10年以上が経過していたとはいえ、李登輝は国家のリーダーとしての心構えから決断したのだった。

蛇足だが、この2013年のときは日本政府によるビザ発給は問題となっていない。なぜなら、台湾人観光客の査証免除（ノービザ）が2005年に恒久化されたからだ。それは表向き、愛知万博が契機とされていたが、実際は李登輝が訪日するたびにビザ発給で日中台関係が揺れることを防ぐために講じられたものと、当時外務省中国課の要職にあった方からうかがっている。

2014年9月、訪日のスケジュール表を夫人とともに見る李登輝。何度も取りやめたこともあったが、総統退任後、計9回来日を果たした。

6

指導者は「誠実自然」であれ。

李登輝が晩年、揮毫を求められたとき、とくに日本人に書いたのが「誠実自然」という座右の銘だった。誠実と自然というふたつの単語を組み合わせた李登輝の造語だが、これはそのまま日本人の持つ精神につながるという。

「誠実」とは日本人が持つ勤勉さや正直さ、真面目さを表している。「自然」については、李登輝は著書のなかで**「いかにして自然と溶け込むかという問題意識」**と書いているが、私はそれを、李登輝自身が経験してきた人生に重ね「偉ぶることなく、いかに自然体のまま人生を肯定していくか」だと解釈している。

まず「誠実」だが、言うまでもなく李登輝が政治の世界において最も大切にしてきたものだ。

最近、台湾では『蔣經國日記揭密（蔣経国日記の秘密解明）』という書籍が出版されて話題になった。そこには、なぜ総統だった蔣経国が数多《あまた》いる候補のなかから李登輝を副総統に指名したのか、その謎に迫るヒントが書かれていたからだ。

この謎については、以前から多くの人が関心を寄せており、表敬訪問の折、李登輝に直接尋ねる人もいた。ただ李登輝自身も、蔣経国からはっきりした理由を聞いたことがないのだから答えようがない。

そこで、「これは私の予想だが」と前置きして話す理由は「**私の日本人的性格を買ってくれた**」というものだ。

「当時、蔣経国の周囲には、少しでも覚えめでたくしようと、国民党の取り巻きが引きも切らずすり寄っていた」という。ところが、李登輝の場合は、自分から望んで政治の世界に入ったわけでもないし、もっと出世をしようとか、子どもを引き立ててほしいということもない。

そもそも、農業経済の専門家としてその見識を買われ、疲弊した農村復興のために政務委員（無任所大臣）として入閣したのが政界入りのきっかけだった。ただ「農民の生活を少しでもよくしてあげたい」ために研究をしてきたわけだから、これまで積み上げた研究成果を政務委員として政策に反映させられればそれで満足だったのだ。

そのため、当時、国民党員でなければ重要な会議にも出席できないとなれば、入党することさえ厭わなかった。目的を達成するためであれば、自説を曲げて党員になることなどたやすいことだった。

そんなわけだから、国民党内にあってひとり孤高とした李登輝の姿は、蔣経国の目には特異に映ったのだろう。

「お世辞のひとつも言わないし、おべっかを使うこともない。ただ国民のために全力で仕事をするという誠実さを蔣経国は評価してくれたのだろう」

と李登輝は語る。

実際、『蔣經國日記揭密』では、李登輝の対抗馬であった林洋港《りんようこう》について「才能はあるが品格面が劣る。以後注意が必要」と書かれている。それに対し李登輝に言及した部分は「会話をしてもポイントを外さない。非常に優秀な人材」と評している。結局、副総統から総統へと昇格した李登輝は、一滴の血を流すことなく平和的に民主化を実現させた。李登輝は、台湾の人々に対し「誠実」な政治を行ったのである。

李登輝は同じく日本統治時代生まれの夫人とともに、日本文化が自然と融合し、自然のなかに美意識を見出すことを高く評価していた。

日本からの来客に、

「昨晩は眠れなかったから、家内と庭を眺めながら『カラスといっしょに帰りましょ』と童謡を唄ったんだ。こんな自然と生活が一緒になった歌を唄う民族が世界のどこに存在するのか」

と話していたのも印象深い。

ただ、李登輝が座右の銘とした「自然」とは、前述のように「いかに自然体のまま人生を肯定していくか」なのだと私は考えている。

李登輝は日本統治時代に生まれた。青年期は皇民化教育の時代、台湾の人々も徹底して「日本人」となることを求められた。

「あの時代、日本は理想的な日本人を作り上げようとした。そうやって出来上がったのが私という人間なんだ」

この発言はときに、あまりにも日本に迎合したもののように聞こえるかもしれない。

しかし、自然体とは決して迎合ではない。与えられた環境において全力を尽くすというのが、李登輝の真意だと解釈している。

日本統治時代、教養を重んじた当時の教育のおかげで、李登輝は日本語訳されたあらゆる書籍を手に取ることができた。それによって古今東西の思想や哲学と接したことが、李登輝という人間形成に大きく寄与したのだと容易に想像がつく。

戦後、台湾は日本の統治を離れ、国民党による独裁体制が続いた。ここでも李登輝は、政治とは距離を置きながら、二度のアメリカ留学を含め、農村復興のための農業経済研究に打ち込んだ。そうして雌伏した結果、当時行政院長だった蔣経国の目にとまり、政務委員として政治の道へ踏み出すのである。

これらはすべて、決して時流に流され迎合した結果ではなく、激動する政治体制の変化のなかにあって、与えられた環境を「自然」として受け入れ、いかに努力し、公に尽くしていくべきかを追求した結果だった。

「誠実でさえあれば自然と事はなる」と言い換えることもできるだろう。変化が激しく、拝金主義的なやり方がまかり通る現在こそ肝に銘じたい至言である。

1995年2月28日、国民党が反体制派を虐殺した「228事件」から48年目のこの日、李登輝は政府を代表し総統の身分で謝罪した。ただ皮肉にも、当時、国民党から知識分子として狙われる側にいたひとりが李登輝だった。

第5章
秘書だけが知っている李登輝の真実

2014年、大阪にて夫人とともに

1 私が見た素顔の李登輝

「稀代の人たらし」李登輝、そして台湾との出会い

2014年6月のある日のこと。私は定期的な報告のため、台北市内の李登輝の自宅へ来ていた。原稿の打ち合わせやら、これからの予定、最近の日本国内や日台関係の情勢など、報告する内容はいくらでもある。

李登輝自身も、台北郊外にある淡水という夕日の美しい街にある事務所に「出勤」することもあるが、しばらく事務所に用事がないときなどは、こちらから週に何度か自宅へうかがうのが習慣になっていた。

蒸し暑い日だったので、ワイシャツを腕まくりしながら報告を終え、一段落したと

きのこと。李登輝が「来週はこれを持っていくんだ」と取り出したものがある。見ると、文庫本くらいの書籍数冊が箱に収められたセットだった。

「来週は船井《ふない》さんのお孫さんが来るんだろう。この本は船井さんがくれたものだから、あなたのおじいさんからもらったよ、と見せてあげるんだ」とうれしそうに話す。こういう細かな気遣いが、李登輝が「稀代の人たらし」と呼ばれるゆえんなのだ。

　この年は、船井総合研究所の台湾研修旅行が２回行われ、創業者の船井幸雄《ゆきお》氏と李登輝が古くからの友人だったこともあって、講演を引き受けたのだった。実際、船井氏からもらった書籍を見せるために持ってきた、と聞くと、お孫さんや幹部の皆さんは大変驚いた顔をしていたが、同時に一国の総統職にあった人物が、これほど細やかな心遣いをすることに感動した様子だった。当日の「指導者能力の修練」と題した講演は大成功であったが、原稿のなかでも李登輝は船井氏に言及している。

「亡くなった船井先生ともお話ししたことですが、戦前の教育は、実践躬行の精神、つまり『口で言ったことは必ず実行する』という精神が息づいていたと思います。それが敗戦後、まったく忘れられてしまいました。日本人は歴史と文化をもう一度見直し、実践躬行の精神を取り戻してもらいたいと思います」

そんな稀代の人たらしの人物に、なぜ日本人の私が仕えるようになったのか。私は、家族も親戚も、みな日本生まれの日本育ちだし、家業があるわけでもなく、台湾との縁はもともと皆無だった。はじめて台湾を訪れたのは2002年9月。大学の卒業旅行に、親友と誘い合わせたのが始まりだった。とはいえ、当初から台湾に関心があったわけではない。むしろ台湾に関する知識はほとんどなかったと言ってよかった。「時間はあるけど金はない」という学生旅行ゆえ、行ける場所はおのずと限られてくる。「入場無料」に惹かれて訪れたのが、台湾のホワイトハウスにあたる「総統府」だった。2002年当時、台湾社会にはまだまだ「日本語族」の人たちがたくさん現役で活躍されていた。

「日本語族」とは、日本統治時代に教育を受け、流暢な日本語を操る台湾の年配者たちのことである。そんな「日本語族」が総統府のガイドとして多数在籍しており、そのうちのひとりのお年を召した女性が私たちの担当になってくれたのだった。

総統府の１階に展示されたパネルを見ながら、ガイドの女性の名調子は続く。とくに日本の若者は、台湾と日本とのかかわりについてほとんど学校で教わることはない。そんなほぼ知識ゼロの私たちに、台湾の農業に大きく貢献した八田與一《はったよいち》の烏山頭《うさんとう》ダムをはじめ、日本時代のインフラ開発が戦後台湾の経済発展に大きく貢献したことなど、知らぬこと、知らぬ人物について次々と解説してくれた。

軽妙洒脱《しゃだつ》な語り口もあって知らず知らずのうちに引き込まれ、熱心に聞き入っていた日本人の若者の姿がうれしかったのだろうか。その夜には、食事にまで誘われた。

食事のさなか「もうガイドブックに載っている場所は行き尽くしました。どこか面白いところはありませんか」と尋ねたところ、連れて行ってくれたのがなんと選挙演説会場だった。この年の年末に行われる台北市長選挙に向けた会場だったが、言葉はまったくわからない。

ただ、若い、ということもあっただろうし、現地にいる、という興奮も手伝ったのだろう。ガイドの解説を聞きながら、私はまさに台湾の民主化や、台湾の〝独立〟を熱心に説く壇上の人々、そしてそれを熱狂的に支持する市民たちの様子に、すっかり

「感動」してしまったのである。いま思えば、あの瞬間こそ、私が台湾に「ハマった」瞬間だったのかもしれない。

日本に帰国後も、私の「台湾熱」はおさまらず、むしろますます台湾への関心が強まっていく。そんな頃、奇《く》しくも日本における李登輝総統の支持団体「日本李登輝友の会」が設立され、当然のごとく、私もその活動に参加していくのである。

大きくて温かく、何より力強い握手

２００７年、それまでの仕事を辞して台湾へ留学する。この台湾という国と一生つき合っていくならば、言葉ができなくてはどうにもならないと考えたからだ。学生をやりながら、日本李登輝友の会のスタッフを続けていくことにした。

それと前後して、２００７年５月に李登輝が念願の「奥の細道」をたどるため訪日することが決まり、私も撮影スタッフとして同行した。翌２００８年９月、私の台湾大学での生活が始まった直後、今度は李登輝が沖縄を訪問。またも撮影班として同行し、前年同様、一般のメディアには報じられないような細かい動向を逐一ネット上で報じた。

さらに2009年、李登輝は青年会議所の招へいにより東京で講演し、高知県、熊本県を訪問することになった。すでに知己《ちき》となっていた李登輝事務所の日本人秘書（私の前任者ということになる）から、今度は正式に「李登輝事務所のスタッフとして同行してほしい」と依頼された。これまで二度の同行は、いわば支持団体のボランティアスタッフという立場だったが、今回は正式な訪日団のスタッフとしてである。

これが縁となったのだろう。卒業まであと半年となる2012年のある日、秘書長（李登輝事務所の責任者）から秘書就任への打診を受けた。

前任の日本人秘書は以前から心臓が悪く、そろそろ後任に譲って日本へ帰りたいと思っているという。そこで私に「日本人秘書のポストを引き継いでほしい」と白羽の矢を立ててくれたわけだ。

早速事務所にあいさつに来るようにと言われ、到着すると大きな部屋に連れて行かれた。そこは李登輝の執務室だった。部屋に入るなり李登輝から「早川さん、これから頼みますよ」と声をかけられ、大きな手で握手を求められた。李登輝の手は、大きくて温かく、何より力強かったことを鮮明に覚えている。

こうして、李登輝に仕えるようになって気づいたのは、その気配り力の高さだ。冒頭でも紹介したように、李登輝の気配りは毎度のことだ。来客の予定が入ると、私は事前に来客の現在の肩書やバックグラウンド、以前にお会いしている方なら前回はいつどこでお会いしたか、などを少し細かめに報告する。

晩年になると、体力的にきつくなってきたので以前よりは来客数をセーブしたが、それでも日本からの表敬訪問は途切れることがない。来客の顔ぶれは千差万別で、国会議員や大使経験者、大学生のグループから日台交流団体など、李登輝の言葉を聞きたいと希望する人たちの依頼が切れることはなかった。

李登輝がとくに喜ぶのが日本からの来客、とりわけ若い人たちだ。大学生のグループなど来ようものなら、2時間以上も話しっぱなしのこともザラだ。

講義のような長い表敬訪問が終わり、一段落する李登輝に「お疲れになってません

1989年6月30日、総統府でのちに首相となる小渕恵三衆議院議員の訪問を受ける李登輝。

か」と声をかけると「疲れた。やっぱり年だな」と答える。
（それなら1時間くらいで切り上げてもいいのに）という言葉を飲み込む私に、李登輝は「でも、日本人に伝えておかなきゃならないことがあるんだ。とくに若い日本人は自信を失っている。彼らが自信を取り戻さなきゃ、日本はよくなっていかないよ」と静かに言った。

静かな物言いだったが、込められた思いには半ば鬼気迫るような迫力があって一瞬体が震えた。本当に心から日本のことを心配している、と改めて感じた瞬間だった。

李登輝と同じく、日本統治下に生まれ育った総統夫人も、美しい日本語で私に冗談混じりに話す。

「早川さん、主人はね、台湾の総統までやったくせに、いつだって日本のことを心配してるのよ」

無論、李登輝は決して台湾を捨て置いてまで、日本の肩を持つようなことはあり得ない。あくまで、自由で民主的な日本が、アジアのリーダーとして積極的にアジアを引っ張っていかなければならない、という李登輝の信念ゆえのことだ。

そのため、李登輝の日本理解は、私たちのような若い日本人以上だ。自宅の地下にあつらえた「図書室」には岩波文庫８００冊をはじめ、若き日の李登輝に知識を供給した書籍から、台北市長時代に都市建設のために勉強した岩波書店の『都市講座』まで、ありとあらゆる日本語書籍が並ぶ。

岩波文庫は、戦後日本語が禁じられたために手放さざるを得なかったため、後年になってまとめて買い直したことは、第２章の「信念の言葉２」で説明した通りだ。

李登輝が感じた日本人と中国人の精神性の差

新渡戸稲造の『武士道』が、現在の日本では「封建的な思想」として正しく理解されず、世界でも類を見ない素晴らしい日本精神を有しているというのに見向きもされない実情を憂いて、李登輝は『「武士道」解題　ノーブレス・オブリージュとは』を書き上げた。

はっきり言って、日本人にとっても難解なこの『武士道』だが、それを平易な言葉に解釈し、若い日本人にその真意を伝えたい、という思いからして、李登輝がどれほど『武士道』を高く評価しているかがわかる。

李登輝に言わせれば、この武士道精神、つまり「武士道というは死ぬことと見つけたり」(『葉隠』)という言葉こそ、日本人の精神性を最も表したものだという。日本人、とくに武士にとって「死」は日常生活と隣り合わせであり、常に死を意識しながらの生活であった。その死が念頭にある生活のなかで、いかにして人間は「生」の意義を最大限に発揮していくのか、それが日本人の精神性に大きく影響しているという。

一方、いつも李登輝が対照的な例として挙げるのが中国の『論語』である。日本統治時代、李登輝の家庭は「国語家庭」であった。すなわち、日本語を家庭内でも常用する「模範家庭」というわけだ。とはいえ、両親は考えた。台湾人である以上、日本語だけでなく台湾語も身につけなければならないのではないか。

そこで公学校(当時、台湾人の子弟が通った小学校のこと)中学年くらいになると、近所の廟《びょう》で開かれていた私塾へ台湾語を習いに行き始める。そこで教科書として使われていたのが『論語』だった。

李登輝がいつも引用するのは「先進」第十一之十一だ。

「未知生、焉知死（未だ生を知らず、焉《いずく》んぞ死を知らん）」

解釈には複数の説があるが、李登輝の解釈はごくシンプルに「まだ生について十分に理解していないのに、どうして死を理解できるだろうか」というものだ。ここに日本人と中国人の精神の決定的な差があるという。

日本人は「死」を大前提として、限りある命のなかでいかにして自分はこの「生」を意義のあるものにしていくか、はたまたどれだけ「公」のために尽くすことができるか、という「死」を重んじた精神性を有している。

一方で、中国人の精神性は、この論語のように「まだ生について理解できていないのに、なぜ死を理解できるか」と正反対だ。そのため生を理解するために生を謳歌《おうか》しよう、という発想が出てくる。「死」という限られたゴールがあるのであれば、それまでにめいっぱい「生」を堪能しようという考え方だ。

こうした『論語』的な発想があるからこそ、中国で「いまがよければそれでよい」「自分あるいは家族がよければそれでよい」という自己中心的な価値観や拝金主義がはびこる原因になったのではないか、と李登輝は考えている。「死」を前提とし、「いかにして公のために」という日本人的な発想とは根本的に異なるというのだ。

言い換えれば、「公」と「私」という概念といってもいいだろう。私から見れば、李登輝は最晩年まで、いかにして台湾のために尽くすか、日台関係のために何ができるか、という「公」のことを毎日考えている政治家だったといえる。

たとえば、日本統治時代に徹底した日本教育を叩き込まれた青年時代と、戦後国民党の占領支配による中国人社会のなかで、李登輝は日本人と中国人の精神性の大きな差を感じたに違いない。それゆえに日本に対する期待も非常に大きいのだ。

李登輝が貫き続けた「台湾ファースト」

とはいえ、こうした日本に対する期待も、台湾の将来を見据えてのことだ。というのも、李登輝は祖国である台湾が「存在」していくためには、日本がどうしても不可欠だということをよく理解しているからだ。

台湾は戦後一貫して、中華人民共和国とは別個の存在を維持してきた。しかし、中国は事あるごとに「台湾は中華人民共和国の不可分の領土」とうそぶき、中国の一部だと主張している。

中国大陸における「国共内戦」に敗れた結果、国ごと台湾に逃げ込んだ国民党が与党になれば、中国との関係は接近し、台湾独立を標榜《ひょうぼう》する民進党が政権を奪えば、中国との関係はより遠くなる。こうした微妙なバランスの上に台湾の独立した存在は維持されてきたわけだが、それでも中国は、虎視眈々《こしたんたん》と台湾併呑《へいどん》の機会を狙っている。

２０１６年5月に民進党の蔡英文政権が発足すると、蔡総統は「台湾独立」を封印し、台湾と中国の関係は「現状維持である」という姿勢を打ち出した。中国側との不要な軋轢《あつれき》を避けるためだ。

にもかかわらず、中国はあたかも水道の蛇口を閉めるように、観光客を台湾に送り込むことをやめた。あらゆる物事が政府のコントロール下にあれば、ダメージを与えられるよう、台湾への観光客を激減させることなど容易だからだ。

また、外交面でも、もともと数少ない台湾と国交を有する国は、2016年の22から15へと減った。これらの国々はどれも知名度の低い国家ばかりで、台湾が資金援助などを通じて外交関係を「買っていた」という側面が非常に強い。それを「チャイナマネー」でかっさらわれたというのが実情だ。

中国による台湾への有形無形の圧力攻勢は相変わらずやんでおらず、民進党政権の発足と同時に期待された、台湾がよりいっそう中国とは別個の存在になるという期待はしぼんでしまったかのように見える。

しかし、李登輝が常々言っていたのは「独立か、統一かという問題よりも、台湾にとって最も重要なのは、台湾が『存在し続けること』にある」ということだ。

台湾は、日本や中国と比べても小国であり、自国だけでその存在を維持していくにはあまりにも心もとない。だが、民主主義や自由という同じ価値観を持つ日本の協力を得られれば、台湾はその「存在」を維持することが可能になる。そして、李登輝が言うところの「台湾が存在していればこそ、そこに希望が生まれる」ということになるわけだ。

実際、日米安保体制においても、「台湾地域」が日米安保条約の対象だと、日本政府の統一見解で明言されている。こうした現実的な面からいっても、李登輝が台湾を第一に考えたうえで、協力関係を築く相手こそ日本であると考えているのであって、決して「えこひいき」だけで日本の肩を持っていたわけではない。これは、李登輝が台湾を独立した存在として維持するといった理念だけでなく、現実世界を見据えるプラグマティック（現実主義的）な政治家であったことの証左だ。

仮に李登輝が、やみくもに台湾独立を唱えていたら、中国の猛反発は当然のこと、国際社会において不要な火種を作りたくない日米の支持を失って、台湾の存在可能性は格段に落ち込むことになっただろう。

台湾内部で民主化という難しい仕事を進める一方で、国際的には中国のプレッシャーをいなしながら、台湾の存在を維持していくことを可能にした李登輝を支えたのは、「台湾ファースト」という徹底的な現実主義だったのだ。

マスコミでは報じられない李登輝の素顔

「李登輝の素顔」を形容するならば、それは「他者への関心」と言えるかもしれない。李登輝の人生を振り返れば、常に他者への関心、言い換えれば「思いやり」があった。

1923（大正12）年1月15日生まれの李登輝は、日本統治下の台湾に育った。台北北部の河口に近い、三芝《さんし》という町の生まれだが、李家は近郊に土地を所有する地主であった。

第4章の「希望の言葉3」でも少し触れたように、毎年、暮れになると近所の農民たちが鶏肉やら米やらを持って李登輝の家を訪れた。「どうか来年も畑を耕させてくださいい」と小作人たちが頼みに来るのだ。その光景を目にした李登輝は子ども心に「なぜ世の中はこんなに不公平なのか」と思ったという。

地主の家に生まれ、裕福な暮らしに甘んじることなく、弱い立場や貧しい境遇の人間に対する思いやりの心は子どもの頃から備わっていたということだろうか。また、

1980年、台北市立運動場で行われた体育フェスティバルの開会式で、参加者と踊る李登輝。当時、台北市長。

こうした小さい頃の体験が、のちに京都帝国大学に進み農業経済学を専攻する一因となったと話してくれたこともあった。

李登輝の頭の中には、常に弱い立場の人たちのことがある。李登輝が私に何度も言ってくれたのは「あんたも縁あって台湾に勉強に来たんだ。いつかは日本に帰って指導者の立場に立って日台関係を引っ張っていかなきゃならない。だけど、必ず頭の中に国と国民のことを置いておくことだ。国家と民というものが頭から抜け落ちた指導者に人々はついてこない」ということだ。

この言葉は政治家だけでなく、ビジネスでリーダー的立場にある人にも当てはまる。国家を会社に、民を社員に置き換えれば、そのまま一企業を引っ張るトップの心得としても納得できる言葉ではないだろうか。

誰よりも大きい李登輝の日本への期待

李登輝の考え方はまっすぐ一貫している。頭の中に他者を置き、常に彼らに関心を払っている。それは言い換えれば、常に「公」を重んじ、民のことを第一に考えている李登輝の姿勢そのものだ。

この場合、「公」とはもちろん台湾という国家の行く末であり、それと同時に日本の将来でもある。日本もまた李登輝にとってはかけがえのない存在であると同時に、日本にもアジアのリーダーシップをとってもらいたいという願いがあるからだ。

ただ、あまりにも日本に期待するせいか、その発言や心情の真意が理解されず「やたら日本びいきだ」と非難されることも多く、ネット上では罵詈雑言《ばりぞうごん》も飛び交う。

しかし、李登輝の思いは単なる日本びいきなどという狭量なものではない。台湾や日本の周囲を見渡してほしい。アジアにおいて、民主主義や言論の自由、人権が日本や台湾ほど保障され、確実に履行されている国がどれほどあるだろうか。独裁国家や中途半端な民主主義を掲げた国も多い。

そうしたアジアのなかで、日本こそがリーダーになるべきであり、さもなくばアジアは混乱に陥るというのが李登輝の信条だ。そして、そんな日本のパートナーにふさわしいのが、同じ価値観を共有する台湾だという主張である。

それゆえに李登輝の日本に対する想いや期待は、私たちが考える以上に大きいものがある。ただ、残念ながら「22歳まで私は日本人だった」と公言し「日本という国が、理想の日本人像のように作り上げたのが私という人間だ」とまで言う人物に対して、日本が行ってきた非礼はあまりにも多い。

2002年にも慶應義塾大学の学園祭「三田祭」に招かれ、講演をする予定だったが、このときは大学側が招へい元の学生サークル「経済新人会」に圧力をかけるなどして妨害、結局は講演が実現しなかった。

本来であればこの学園祭で話す予定だった手書きの原稿「日本人の精神」は、当時の河崎真澄《かわさきますみ》産経新聞台北支局長の尽力もあり、後日、産経新聞1面に掲載された。

当時のことを思い返せば李登輝も決して心穏やかではいられなかったと思うが、そのときの思い出話をする際の表情は穏やかだ。

「日本には行けなかったが、新聞に載ったことで何百万人かの人が読んだだろう。講演で話したら数百人だった。かえってよかったんじゃないか」と笑う。

この原稿は、日本統治時代に活躍したダム技師、八田與一を取り上げたものだ。

台湾南部の「嘉南平野《かなん》」は、日本統治時代、水はけが悪く荒れ果てた場所だった。そこに１９２０年から10年の年月をかけ、当時東洋一の大規模なダムと大小さまざまな用水を建設し、およそ15万ヘクタールの土地を荒野から肥沃の地へと変貌させた、という内容だ。

この結果、１００万人といわれる農家の暮らしが豊かになり、地元では現在においても八田技師は神のように崇められており、その証拠に、毎年5月8日の命日には、地元の人々によって慰霊祭が行われている。

李登輝は、高い精神性を持っていた戦前の日本人の代表格として、この八田與一の名を挙げる。勤勉、正直、誠実、自己犠牲、義を見てせざるは勇なきなり、弱きを助け強きをくじく。こうした日本人が持つ精神を、若い日本人にも知ってほしい、そして少しでも取り戻してほしい、という思いを込めて学園祭用の原稿を書いたという。

しかし、その原稿を読む機会が、弱腰外交の日本政府や大学当局によって奪われてしまったという、このうえない皮肉な結果となってしまったのは、悲劇としか言いようがないだろう。

ここまで述べてきたように、李登輝の日本への期待や思い入れは「えこひいき」と誤解されるほど強かった。しかし、戦後の日本は強い者にはひたすら頭を下げ、弱い者をないがしろにする外交を続けてきたことも事実。戦前戦中の、高い精神性を要求する日本教育を受けてきた李登輝からすれば、そのような日本の振る舞いは我慢がならなかったのだろう。

だからこそ、「肝っ玉の小さい」日本政府に怒りを表すこともあるが、それでもやはり日本を叱咤《しった》激励せずにはいられないのだ。同時に、誤解を恐れずに言えば「強い日本」の復活のために、とりわけ若い日本人に自信と誇りを取り戻してほしいと願っているのだ。

「私こそが理想の日本人だ」

そういえば数年前にこんなことがあった。台北市にある日本人学校から「日本の子どもたちに何か話をしてほしい」という依頼があった。そこで李登輝と私が相談したのは、子どもたちが「日本人として自信が持てるような」内容の講演にしよう、ということだった。

李登輝も「日本の子どもたちにエールを贈りたい。自信を持たせたい。日本の歴史と文化を誇りに思ってくれるような内容にしなきゃいけない」と、自ら鉛筆を持って原稿用紙に原稿を書いた。タイプ打ちしたのは私だったが、李登輝の並々ならぬ意欲が垣間見えた。

内容は、日本統治時代の台湾がいかにして近代化されたか、ということを柱に、教育やインフラ整備、農業開発、衛生管理の充実などが施されていったという話だった。なぜこうした内容を選んだかというと、それまで李登輝や私の耳に入ってきたのは「日本の学校教育では、日本は台湾を植民地にして搾取した」と教えられているということだったからだ。

李登輝の筆が快調に走っていたのを、私も近くで見ていた。

児玉源太郎・第4代台湾総督や、その下で民政長官を務めた後藤新平の名前を挙げ、当時の台湾はわずか10年弱で近代的な社会へと変貌し、今日の繁栄の基礎を築いた。そればかりか、前近代的な寺子屋制度にとどまっていた台湾の教育制度を改革し、学校教育によって台湾の子弟に義務教育を施した。その結果、識字率は上昇し、植民地といいながらも、世界でも類のない善政が敷かれていたのだと強調する。

後日、生徒たちから届いた感想文集には「李先生のお話を聞いて、自信が出ました」「これまで肩身の狭い思いをして台北にいたが、私たちの先祖は立派だと思えることができた」などと書かれていた。何度も何度もその文集を読み返す李登輝の姿を、よく覚えている。

これほどまでに日本を思い、日本に対して期待する元国家元首経験者がいるだろうか。日本人以上に日本人を理解し、「私こそが理想の日本人だ」とまで言い切れる人物がいるだろうか。

「日本時代に叩き込まれた『公』のために尽くす精神。これがあったからこそ、苦しかった台湾の民主化もあきらめることなく成し遂げられたんだ。台湾の民主化の成功は、日本教育のおかげだ」とまで言うのだ。

李登輝の日本に対する期待は果てしなく大きい。こんな不世出の「元日本人」とも言うべき素晴らしい台湾人の想いに、私たち日本人はこれからどうやって応えていくべきだろうか。

李登輝という名前は、日本では「台湾民主化の父」として知られていることが多い。その一方で、李登輝がどれほどまでに日本に想いを寄せ、期待していたということは、残念ながらまだまだ知られていないと言わざるを得ない。李登輝に仕えた日本人として、私にはその想いを日本人に伝え、このような台湾人、つまり「元日本人」が存在したことを書き残すのが使命だと感じている。

2 李登輝の人生と移り変わる台湾社会

日本の台湾統治の知られざる真実

手元に米ニュース雑誌『Ｎｅｗｓｗｅｅｋ』の１９９６年５月20日号がある。表紙にデカデカと載った李登輝に添えられた言葉は「ＭＲ．ＤＥＭＯＣＲＡＣＹ（ミスター・デモクラシー）」。李登輝が「台湾民主化の父」と呼ばれるゆえんだ。

本書でも、李登輝が民主化を推し進めるうえでとられた策略を、いくつも紹介してきた。それはひとえに、戦後の台湾が国民党による独裁体制によって牛耳られ、台湾の人々は「自由」や「民主」が奪われた状態を民主化させるためには、一筋縄でいかない状態が続いていたからだ。

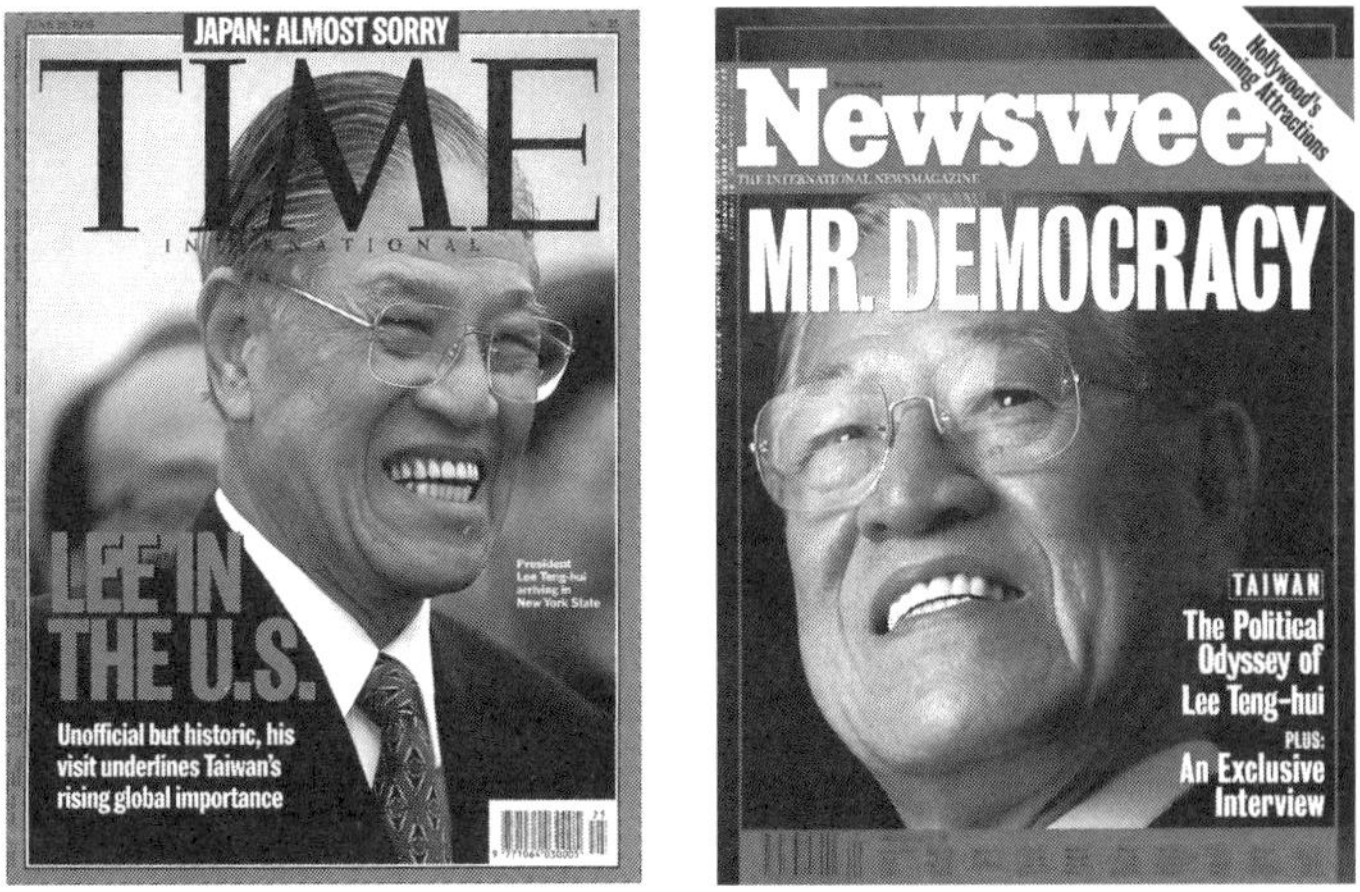

李登輝が表紙となった『Newsweek』1996年5月20日号（右）。その前年、母校コーネル大学を訪問したのに合わせ、『TIME』1995年6月19日号の表紙（左）も飾っている。

ここでは、台湾の近現代史と李登輝の歩みをからめて紹介したい。

1895（明治28）年、日本は日清戦争に勝利し、下関条約によって台湾の割譲を受けた。当時の台湾には、数百年あるいは数千年も前に台湾に渡ってきたマレー・ポリネシア系の「原住民」と呼ばれる人たちや、対岸である中国大陸の福建あたりから台湾に来た漢族系の人たち、そしてやはり中国大陸から渡ってきた客家《はっか》と呼ばれる人たちが住んでいた。

日本統治時代が始まると、原住民は「高砂族《たかさご》」、漢族系の人たちは「本島人」、客家の人たちは「広東人《カントン》」と呼ばれるようになった。

台湾が日本の領土になったのは1895年の4月だったが、7月には早くも総督府が「国語学校」を開いている。ここでいう「国語」とはもちろん日本語のことだ。

当時の帝国主義という世界的な潮流に即していえば、台湾が植民地の一環だったことは否めないが、植民地統治を教育から始めたことは世界にも例のないことだった。

それまでの台湾での教育は、寺子屋のようなところで、中国伝統の「論語」などを素読するだけのものだったという。

日本が新しい教育を台湾に導入したことにより、台湾の人々にとって、近代的な知識の吸収や、日本語を通じて世界の思想と接する機会が生まれた。李登輝が教養を重んじた日本時代の教育を評価するゆえんである。事実、李登輝の母校となる旧制台北高等学校が１９２２（大正11）年に、台北帝国大学に至っては、大阪帝大や名古屋帝大に先んじて１９２８（昭和３）年に設立されている。

また、日本統治時代の台湾では多くの日本人が台湾の発展のために力を尽くした。代表的人物といえば、台湾南部の嘉南平原に当時東洋一と呼ばれた「烏山頭ダム」を建設した八田與一や、台湾の在来種の米改良に10年以上の年月をかけて成功させ台湾を一躍米の生産地に生まれ変わらせた磯永吉《いそえいきち》と末永仁《すえながめぐむ》。台湾の糖業発展に大きく貢献し、かつて日本の５０００円札の肖像として描かれた新渡戸稲造。近代水道の敷設を推進し台湾の衛生を飛躍的に向上させた浜野弥四郎《はまのやしろう》など枚挙にいとまがない。

彼らの功績が、日本で大々的に取り上げられる機会は多くないが、八田與一の名前は台湾の教科書にも登場するし、磯永吉らが作り上げた台湾を代表する「蓬萊米《ほうらいまい》」の名称は台湾ビールの原料として明記されるなど、台湾では広く知られている。

李登輝の原点と日本の教育

李登輝の祖先も、数百年前に中国大陸から渡ってきた客家の家系だ。李登輝いわく、ひいおじいさんの代に台湾へやってきたらしい。一家は台北北部にある、観光地としても有名な淡水からさらに北へ進んだ三芝に居を定めた。

ちなみに李登輝は「うちは客家なんだ」と言うが、厳密には「福佬客《ふくろうきゃく》」と呼ばれる客家としての習俗や言語を放棄したグループに入る。

ひいおじいさんは、王源興《おうげんこう》という人が建てた赤レンガづくりの三合院《さんごういん》（上から見ると家屋がコの字型に配置された伝統的な建築様式）の家を買い取って住まいとした。そこから、この家は「源興居」と呼ばれるようになり、現在では「李登輝の生家」の代名詞として三芝の観光地になっている。

この地で李登輝は1923（大正12）年に生まれた。時代が昭和に入ると、台湾も内地同様に戦時体制に組み込まれる。ちょうど李登輝が青年時代を送った時代である。生や死が身近に感じられる時代に思春期を送った李登輝が、「生きる意味とは何か」「なぜ人は死ぬのか」「私は誰だ」「人生はどうあるべきか」などといった死生観に強い関心を持ったのも、時流のせいかもしれない。

1930年代後半に入ると台湾では「皇民化運動」が始まり、戦時色がいっそう濃くなった。ここで李登輝は「徹底的に『公に尽くす精神』というものを叩き込まれた」という。「22歳まで日本人だった」と常々公言してはばからない李登輝の原点が、この時代に形作られたといえよう。

1945（昭和20）年、第2次世界大戦で日本が敗れると、台湾は日本の統治から離れることになる。台湾の占領統治を担ったのは、国民党率いる中華民国だった。

中華民国は戦時中、「国共合作」によって中国共産党と連携し日本と戦ったが、戦後は中国大陸で再び共産党と中国の覇権を争う「国共内戦」が起きていた。結果的に、国民党は国共内戦に敗れ、49年には国ぐるみで台湾へ逃れていくことになる。このとき中国大陸から台湾へ渡ってきた100万とも200万ともいわれる人たちは「外省人《がいしょうじん》」と呼ばれ、政府や省庁、企業のトップを独占し、独裁体制の象徴とされた（もともと台湾に住んでいた漢族系の人たちは、戦後「本省人《ほんしょうじん》」と呼ばれるようになった）。

1947（昭和22）年2月28日には、日本に代わって台湾の統治を開始した中華民国による、汚職や治安の悪化などに堪忍袋の緒を切らした民衆が蜂起する「228事件」が起きる。これに対して国民党は中国大陸からの援軍を要請し、武力によって鎮圧した。その後、統治を容易にするため、数十年にわたり知識人や指導者層を処刑する「白色《はくしょく》テロ」と呼ばれる弾圧を行ったのである。

李登輝夫人が「本当に恐ろしい時代だった」と漏らす、誰もがいつ連行されるかわからない時代の幕開けである。実際、李登輝は日本統治下の旧制高校、そして途中で切り上げたとはいえ帝国大学で学んだ知識層である。李登輝の身の安全を心配した親友に助言され、李登輝は親友の実家が経営していた米屋の倉庫で1カ月寝起きしたこともあるそうだ。

２２８事件後の１９４９（昭和24）年に戒厳令が敷かれ、以後、１９８７（昭和62）年に解除されるまでの38年間、台湾の人々にとっては長く暗い時代が続くことになる。

国民党は「いつかは中国大陸を取り戻す」という意味の「大陸反攻」を掲げ、「動《どう》員《いん》戡《かん》乱《らん》時《じ》期《き》臨《りん》時《じ》条《じょう》款《かん》」を制定して憲法の機能を制限した。国民党と共産党が現在も内戦中であることを前提とし、国家総動員体制を敷くために憲法に追加された臨時的な条項だ。

これによって国民党の台湾における一党独裁体制が確立された。つまり、民主や自由、言論の自由、集会の自由などが完全に台湾の人々から奪い去られたわけである。

李登輝が台湾大学で教壇に立っていた頃、講演を依頼されその準備をした。夫人は机に置かれた原稿をさりげなくのぞき見て、政府を批判している箇所などが多くあると「消しゴムでそっと消して」しまったそうだ。夫の身を案じるがゆえの行動だが、当時の台湾では、たった一言が文字通り命取りになっていたことの証左だろう。

台湾の民主化を世界にアピールした李登輝

台湾の民主化の萌芽は、1975（昭和50）年に蔣介石を継いだ息子、蔣経国の時代に現れた。経済水準が高まるにつれ中流階級が誕生。それによって人々の権利意識も高まり、同時に独裁体制を続ける台湾に対する国際社会からの風当たりも強くなり始めた。

また前後して、それまで外省人で固められてきた閣僚に本省人を登用する「吹台《ツイタイ》青《チン》」政策が進められた。これによって本省人である李登輝も、農業経済のスペシャリストとして政務委員（無任所大臣）に登用される。蔣経国は1987年に戒厳令を解除し、それまで禁じられていた野党の結成も黙認。そうした流れのなかで、蔣経国は李登輝を副総統に任命したのである。

１９８８（昭和63）年1月13日、総統在任中の蔣経国が急逝すると、副総統の李登輝が憲法の定めにしたがい総統に昇格した。李登輝は、中華人民共和国が中国大陸を、中華民国が台湾を、それぞれ実効的に支配することを認め、国共内戦による非常時体制の根拠となっていた「動員戡乱時期臨時条款」を１９９１（平成３）年５月１日で廃止することを決めた。

これによって、台湾と中国はお互いにまったく無関係な存在となり、台湾は独自に歩み始めることが可能になった。また、それまで国民党に牛耳られていた軍隊から、人事権を用いて要職にある人物を引き離し、軍を名実ともに「国家の軍隊」にすることに成功したのも、民主化のひとつのマイルストーンだったといえよう。

さらに１９９６（平成８）年には、総統を国民が直接選ぶ方式を導入した。どうにかして民主主義を確固たるものにしたいという李登輝の願いが、ここに結実したわけである。これによって台湾の民主化はさらに前進し、李登輝は、その成果を世界にアピールする役割も果たした。冒頭で紹介した、米雑誌『Ｎｅｗｓｗｅｅｋ』の表紙に李登輝が登場したのは、この選挙で勝利し、就任式を迎えたときのものである。

2000（平成12）年の総統選挙では民進党の陳水扁が当選し、台湾史上初の政権交代が実現して、国民党は下野することとなった。その後、政権交代は2回行われ、台湾の民主主義は成熟を続けているが、同時に「台湾は中国とは別個の存在」と考える人々や、「自分は台湾人」というアイデンティティを持つ人々の割合も、ますます増えている。

2020（令和2）年、台湾もまた新型コロナウイルスに襲われたが、政府が国民を信頼し、国民も政府に協力するという「透明な民主主義」が功を奏し、世界でもトップレベルの新型コロナウイルス抑え込みという成功を収めた。

現在、台湾に住む人々が民主主義や自由を当然の権利のように享受している裏側には、李登輝をはじめとする多くの台湾人の苦難と涙の歴史が隠されているのである。

1996年1月28日、初の直接総統選挙を前に
台中の選挙本部開幕式であいさつする李登輝。

3 李登輝関連年表

1923（大正12）年1月15日
日本統治時代の台北州淡水《たんすい》郡《ぐん》三《さん》芝《し》庄《しょう》に李家の次男として生まれる。ふたつ上の兄に李登欽《りとうきん》（日本名、岩里武則《いわさとたけのり》）がいる。

1941（昭和16）年
台北高等学校文科甲類に入学。当時、日本名の岩里政男《まさお》を名乗っていた。

1943（昭和18）年8月
戦時下のため台北高等学校を繰り上げ卒業。

1943（昭和18）年10月1日
京都帝国大学農学部農林経済学科に入学。43年12月、学徒出陣に志願して陸軍に入隊。45年2月、少尉に任官し終戦。

1945（昭和20）年2月15日
兄の李登欽（岩里武則）がフィリピンのマニラで戦死。靖国神社に祀られる。

1946（昭和21）年
日本内地から船で台湾に帰り、4月に台湾大学農業経済学系に編入。

１９４９（昭和24）年２月９日
台湾銀行に勤務していた曾文恵《そぶんけい》と結婚。

１９５２（昭和27）年３月
アメリカのアイオワ州立大学大学院へ留学。

１９５３（昭和28）年４月
アイオワ州立大学大学院での研究を終え、台湾に帰国。台湾大学の講師に就任。

１９５４（昭和29）年４月
台湾省農林庁技師および農業経済分析係長を兼務。

１９５７（昭和32）年７月
農林庁の職を辞し、農業経済発展のためアメリカの支援を受けて設立された農村復興委員会の技正（技術専門職）および台湾大学助教授を兼任。

１９６１（昭和35）年４月
キリスト教に入信。

１９６５（昭和40）年９月
アメリカのコーネル大学大学院博士課程に留学。

１９６８（昭和43）年５月
コーネル大学で農学博士号を取得して帰国し、農村復興委員会に復職。台湾大学大学院経済学研究科教授を兼任。翌年、博士論文「１８９５―１９６０ 台湾における農業と工業間の資本の流れ」（英文）が全米最優秀農業経済学会賞を受賞。

1971（昭和46）年10月

国民党に入党。当時独裁体制を敷いていた国民党への入党は、周囲に大きな衝撃を与えた。

1972（昭和47）年6月

行政院政務委員（無任所大臣）に就任。農村復興、石油化学工業の推進、職業訓練が行政院長の蔣経国から任された役目だった。

1978（昭和53）年6月9日

台北市長に就任。

1981（昭和56）年12月

台湾省政府主席に就任。当時、国民党は中国大陸も自分たちの領土と主張していたため、台湾はその一省であるという論理で、省を統括する省政府主席が置かれていた。台湾省は1998年、実質的に廃止された。

1984（昭和59）年3月

副総統に選出され、5月20日に就任。

1985（昭和60）年3月

中南米外遊の帰途、東京にトランジット滞在。

1988（昭和63）年1月13日

蔣経国総統の死去を受け、憲法の規定により総統を継承。

1990（平成2）年3月

政治改革を求めて抗議する学生らの座り込みに対し、学生の代表と会見。

5月20日

第４代総統に就任。

10月

総統府諮問機関として国家統一委員会を設置。翌年2月、中国における政治の民主化や経済の自由化などを条件とする国家統一綱領を制定。

1991（平成3）年5月1日

「動員戡乱《どういんかんらん》時《じ》期《き》臨《りん》時《じ》条款《じょうかん》」の廃止を宣言。同条款は、中国大陸の統治を争う国共内戦はいまだ継続中であるという前提で制定され、憲法機能の停止により総統や立法委員（国会議員）は改選が行われず、死ぬまで居座れるという悪弊の根拠を生み出した。

1993（平成5）年4月16日

国共内戦終結後、初の台湾と中国のトップ会談がシンガポールで実現（台湾側＝辜振甫《こしんぽ》海峡交流基金会董事長〈理事長〉、中国側＝汪道涵《おうどうかん》海峡両岸関係協会会長）。

1994（平成6）年

国交がなくとも実質的な関係は強化できるという「現実外交」を展開するためフィリピン、インドネシア、タイを非公式訪問。

4月30日
『週刊朝日』で司馬遼太郎氏と「場所の苦しみ―台湾人に生まれた悲哀」をテーマに対談。

1995（平成7）年2月28日
1949年、政府の腐敗や汚職の蔓延に抗議した民衆を国民党が武力で弾圧した「228事件」の慰霊碑落成式に出席。犠牲者数は2万人とも3万人とも推計されている。総統として遺族に対してはじめて公式に謝罪。ただし、事件当時、李登輝もまた知識分子として弾圧される側の存在だった。

6月
アメリカを訪問し、母校のコーネル大学で「民之所欲，長在我心（民の欲するところ我が心にあり）」と題して講演。現職の総統としてはじめての訪米となった。

1996（平成8）年3月23日
初の総統直接選挙を実施し当選。

1999（平成11）年7月9日
ドイツ公共放送局によるインタビューに答え、「中国と台湾は特殊な国と国との関係」であると発言。

9月21日
台湾中部大地震が発生。すぐさま現地に飛び、連日被災地を回って救援活動の陣頭指揮をとる。

２０００（平成12）年３月24日
総統選挙で民進党の陳水扁候補が当選し、国民党の連戦候補が惨敗した責任を取り、同党主席を辞任。

２００１（平成13）年４月22日
心臓病治療のため来日し、岡山県倉敷市などを訪問。

12月
民間の立場から民主化や台湾化を推進させるための組織「群策会」を創設。

２００２（平成14）年９月
『沖縄タイムス』のインタビューに答え、はじめて「尖閣諸島は日本の領土」と明言。

10月
慶應義塾大学のサークル「経済新人会」から三田祭における講演を依頼され快諾するも、日本政府がビザの発給を拒否したため、訪日と講演が中止。講演する予定だった八田與一の功績を取り上げた原稿「日本人の精神」が、産経新聞１面に掲載された。

２００４（平成16）年12月27日
３年８カ月ぶりに来日。名古屋、金沢、京都などをめぐって翌年１月２日に帰台。はじめて新幹線にも搭乗した。

２００７（平成19）年５月30日
はじめてノービザで来日し、松尾芭蕉の「奥の細道」を散策するため芭蕉記念館を皮切りに、宮城、山形、岩手、秋田などを訪問。6月1日に第1回後藤新平賞を受賞し記念講演。秋田県の国際教養大学で「日本の教育と台湾―私が歩んだ道」をテーマに特別講義し、東京で「2007年以後の世界情勢」と題して講演。6月7日、はじめて兄が祀られている靖国神社を参拝。6月10日に帰台。

2008（平成20）年9月
沖縄で「学問のすゝめと日本文化の特徴」と題して講演。

2009（平成21）年9月
東京、高知、熊本をめぐり、東京は「龍馬の『船中八策』に基づいた私の、若い皆さんに伝えたいこと」、高知は「龍馬の『船中八策』と台湾の政治改革」、熊本は「台湾と日本・百年来の歴史及び今後の関係」と題して講演。「船中八策」とは、幕末に坂本龍馬が起草した新国家体制の基本方針を指す。

2011（平成23）年11月
定期健康診断で大腸がん発見。即日入院して開腹手術を受ける。

2012（平成24）年8月
「群策会」を発展的改組して「李登輝基金会」を創設。

2014（平成26）年9月
日本李登輝友の会の招へいにより大阪、東京、北海道を訪問。大阪市内で「これからの世界と日本」、東京都内で「人類と平和」と題して講演。

２０１５（平成27）年７月

台湾総統経験者としてはじめて、衆議院第一議員会館で講演。講演には国会議員の４割を超える２５２人が出席。都内の外国特派員協会で講演。福島県郡山市の総合南東北病院で最新のガン治療法であるホウ素中性子捕捉療法（ＢＮＣＴ）の治療装置を視察。仙台滞在中は、松島の瑞巌寺《ずいがんじ》境内に建立された李登輝夫妻の句碑除幕式に出席。

２０１６（平成28）年７月

全国青年市長会の要請に応えて沖縄県石垣市を訪問。市内のホテルで「石垣島の歴史発展から提言する日台交流のモデル」と題して講演。真珠の養殖や石垣牛の生産状況などを視察。

２０１８（平成30）年６月

台湾出身戦没者慰霊祭への出席のため沖縄を訪問。李登輝が揮毫した「為國作見證」の文字を刻んだ慰霊碑の除幕式も同時に行われた。「為國作見證」とは李登輝の座右の銘のひとつで「公のために尽くす」と解釈される。

２０２０（令和２）年２月

産経新聞社が主催する「正論大賞特別賞」に選ばれる。総統として台湾の民主化を推し進めた信念や、戦後の日本人が失った「公」のために尽くす純粋な日本精神を持ち続けたことなどが、受賞理由とされた。

７月30日

台北市内の台北栄民総医院（病院）で死去。享年97歳。

4

音声特別公開「李登輝、坂本龍馬について語る」

この講演音声は、2010年7月21日、日本から表敬訪問に訪れた坂本龍馬の顕彰団体に向け、李登輝が「船中八策《せんちゅうはっさく》」をテーマに講演したものだ。「船中八策」とは、幕末に、坂本龍馬が起草したとされる新国家体制の基本方針を指す。船上で語った内容が全部で8項目だったことから「船中八策」と呼ばれている。

李登輝と坂本龍馬の間には、奇妙な縁がある。

1996年、台湾ではじめて直接投票による総統選挙が実現し、李登輝は国民党の候補として勝利した。「国民が指導者を自分たちで選ぶ」という民主主義が、台湾で完成したことを国際社会に知らしめる快挙だった。

とはいえ、李登輝にとって台湾内部も台湾を取り巻く国際社会も難題山積だった。そんなとき、李登輝に台湾のさらなる民主化の参考にしてほしいと、日本の無二の親友である江口克彦《えぐちかつひこ》氏（当時ＰＨＰ研究所社長、のち参議院議員）から手紙で教えられたのが、坂本龍馬の「船中八策」だったのだ。

江口氏は李登輝が副総統の頃から交流しており、この時期は、のちに日本でもベストセラーになった李登輝の著書『台湾の主張』を手がけているさなかでもあった。

２００９年、李登輝は青年会議所の招へいにより、東京の日比谷公会堂で龍馬の「船中八策」について講演を行う。さらに、坂本龍馬の故郷を訪ねるため、東京から高知県に飛び、桂浜《かつらはま》近くの「坂本龍馬記念館」を参観したり、海に向かって立つ巨大な龍馬像を見学したりした。

また、高知で行われた講演では、この「船中八策」が、日本の友人から示唆されたものであることにはじめて言及している。なぜ、いままで黙っていたかについて、李登輝は「台湾の民主化や国家運営について日本人のアドバイスを参考にした、なんて言ったら、また『李登輝は日本びいきだ』と批判されるから」と苦笑しつつ明かした。

とはいえ、「誰に提言されたものであろうと、よいものはよい」と李登輝は「船中八策」を評価し、自身の国家運営に対して、非常に意義深く、大きな勇気を与えてくれるものだった、と語っている。

そうした経緯もあり、李登輝が坂本龍馬を評価していることが広まると、龍馬の地元高知県や全国にある龍馬の顕彰団体からの表敬訪問が相次ぐようになった。

本書の録音音声は、それらのうちの1回を個人的に録音しておいたものである。

李登輝はこの講演で、「いままで高知と台湾の結びつきは、残念ながらあまり強いとはいえなかったが、今後は龍馬を通してさらに親しい関係を築き、日本と台湾の心と心の絆を深めていこう」と語っている。

ただ、龍馬に限らず、日本文化や日本の精神、西田幾多郎《にしだきたろう》の『善の研究』から司馬遼太郎との思い出まで、李登輝自身が「脱線ばかりしてすまないけど」と笑わせたように、多岐にわたるテーマについて自由闊達に話した貴重な記録である。

李登輝元総統の未公開講演音声を以下のホームページで読者限定特別公開!

講演当日の
李登輝。

日時：2010年7月21日
場所：台湾淡水、群策会（のちの李登輝基金会）会議室
時間：約40分

パソコンはこちらから

http://www.business-sha.co.jp/2020/08/
李登輝音声特別公開ページ/

スマートフォン、携帯端末はこちらから

※10年以上前の音源のため、一部聞き取りにくいところがあります。また、ダウンロードする際は音声データの容量が大きいため、警告文が出る場合があります。ご了承ください。

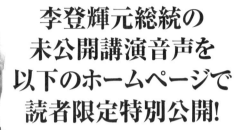

台湾の位置関係

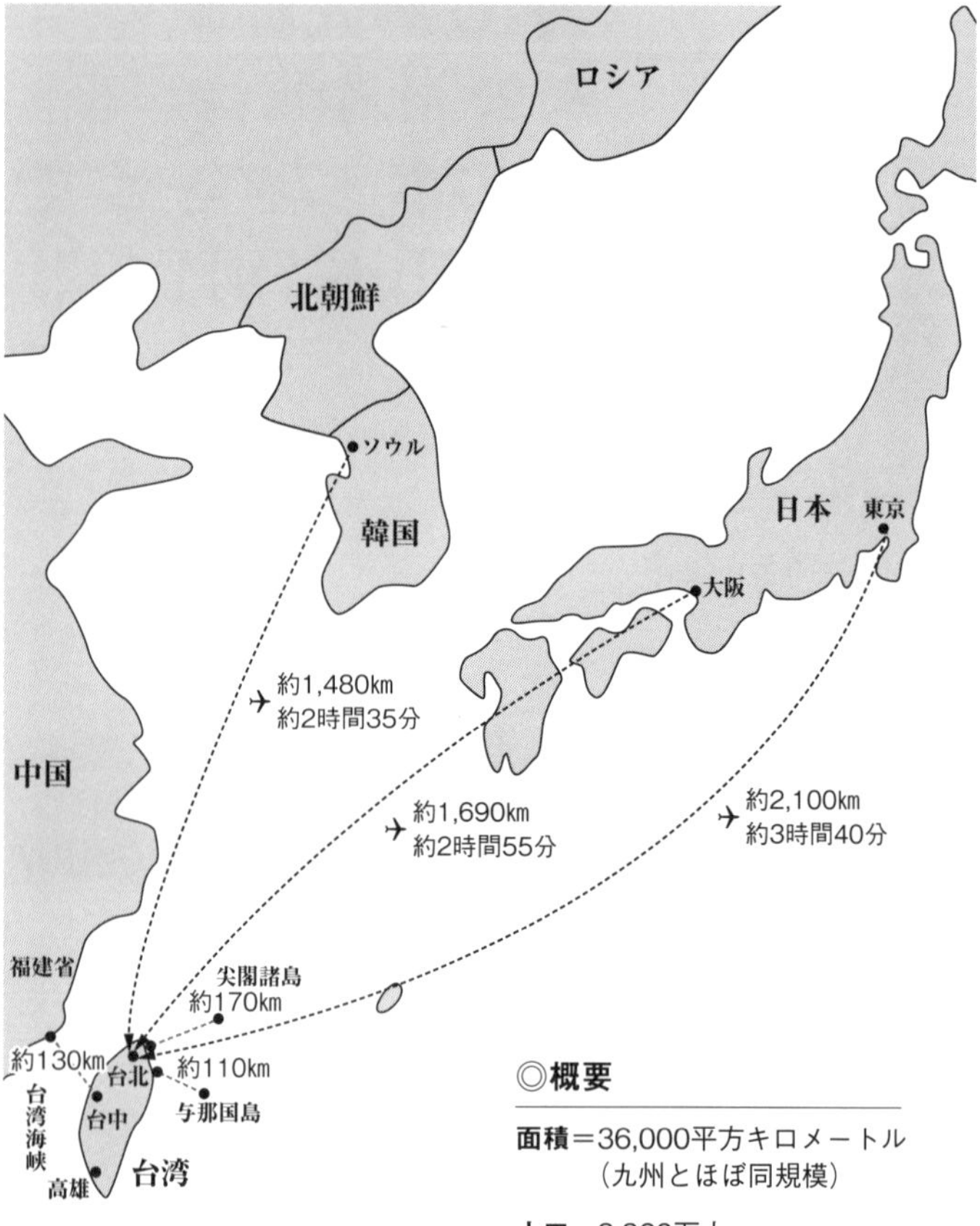

◎概要

面積＝36,000平方キロメートル
（九州とほぼ同規模）

人口＝2,360万人
（2020年2月）

言語＝中国語、台湾語（閩南語）、
客家語　など

宗教＝仏教、道教、キリスト教

（出典：外務省ホームページなど）

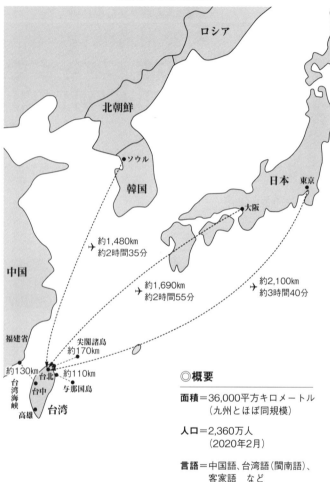

台湾各地の主な特色

淡水

淡水河が太平洋に注ぐ河口に開けた街で、日本統治時代には台湾八景に選ばれた。現在でも夕日の美しい観光スポットとして知られ、マングローブ保護区やサイクリングロードが整備されている。

台北

台湾の首都。隣接する新北市と合わせると660万の人口を誇る。台北101ビルや故宮博物院のほか、市内には総統府や台湾大学病院など日本統治時代の建物も多く残る。

花蓮《かれん》

台湾東部の都市で、日本統治時代の吉野村や豊田村など、移民村の面影を残す地域や神社跡が点在する。原住民が多く住む地域で、美しい大理石の渓谷が楽しめる太魯閣（タロコ）国家公園への玄関口でもある。

台中

台湾第2の都市。市内の宝覚禅寺には、日本統治時代に台湾で暮らした日本人の遺骨が葬られている。新市街地では高層ビルの建設ラッシュが続く一方、旧市街地では日本時代から「緑川」と呼ばれた清流を中心に懐かしい街並みが見られる。

日月潭《にちげつたん》

台湾最大の湖で、北側が丸形、南側が月形をしていることから名づけられた人気観光地である。一方で、1931年に完成した日月潭第一発電所は発電用ダム湖としての役割を持っている。発電所建設に貢献した松木幹一郎の胸像は現在も施設内に置かれている。

台南

台湾で最も早くに開けた都市のため「台湾の京都」とも称される。街中至るところに清朝時代の建築が残る。現在はサイエンスパークが整備され、半導体の世界的な研究製造拠点となっている。

台東

多くの原住民が暮らす地域となっている。国民党独裁時代には政治犯が収容された緑島や、独自の風習を持つ海洋系の原住民タオ族が住む蘭嶼（らんしょ）島への交通の拠点である。仏像の後頭部に似た形状の果物「釈迦頭（シャカトウ）」が名産。

高雄

台湾第3の都市。それまで「打狗（ターカオ）」と呼ばれていたのを、日本統治時代に入って「高雄」に改めた。美しい港湾都市で、市内には19世紀に建てられた英国領事館などが残る。

経済状況

名目GDP	1人当たりの名目GDP
6,050億米ドル（約64兆1300億円）	26,528米ドル（約281万2000円）
経済成長率	**失業率**
2.7%	3.7%

主要貿易相手先

輸出：中国、香港、アメリカ、日本、シンガポール
輸入：中国、日本、アメリカ、韓国、ドイツ

日台関係

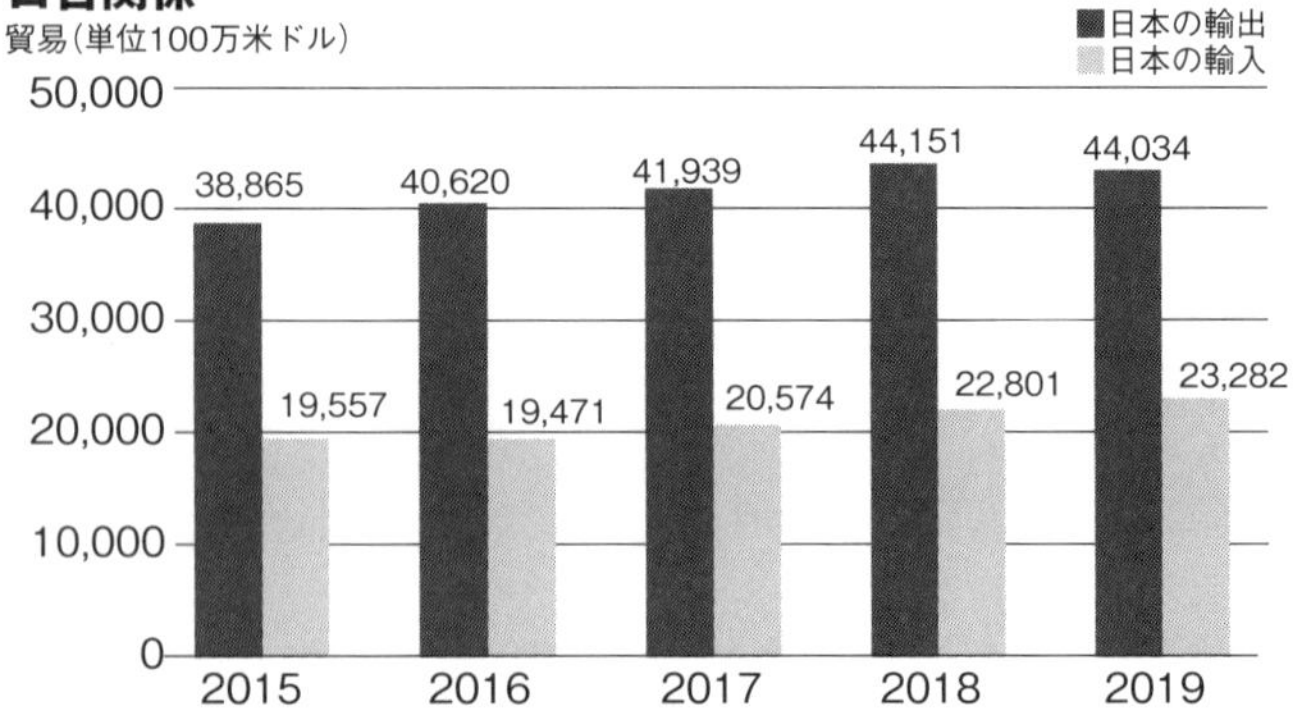

主要品目

輸出　電子部品, 金属・金属製品, 情報通信機器, 一般機器, 化学製品
輸入　一般機器, 電子部品, 化学品, 金属・金属製品, プラスチック・ゴム

人的往来（2019年）

日本からの訪台者数約217万人（台湾交通部観光局）
台湾からの訪日者数約489万人（JNTO）

在留邦人数

24,280人（2018年10月現在, 外務省「海外在留邦人数調査統計」）

日台窓口機関（民間団体）

日本側：公益財団法人日本台湾交流協会（東京本部, 台北・高雄事務所）
台湾側：台湾日本関係協会（台北本部, 東京・大阪事務所, 札幌・横浜・福岡・那覇支所）

（出典：JETRO, 外務省ホームページなど）

対外関係

外交関係のある国(計15カ国)

大洋州(4カ国)
ツバル, マーシャル諸島共和国, パラオ共和国, ナウル共和国

欧州(1カ国)
バチカン市国

中南米・カリブ(9カ国)
グアテマラ, パラグアイ, ホンジュラス, ハイチ, ベリーズ, セントビンセント・グレナディーン, セントクリストファー・ネーヴィス, ニカラグア, セントルシア

アフリカ(1カ国)
エスワティニ

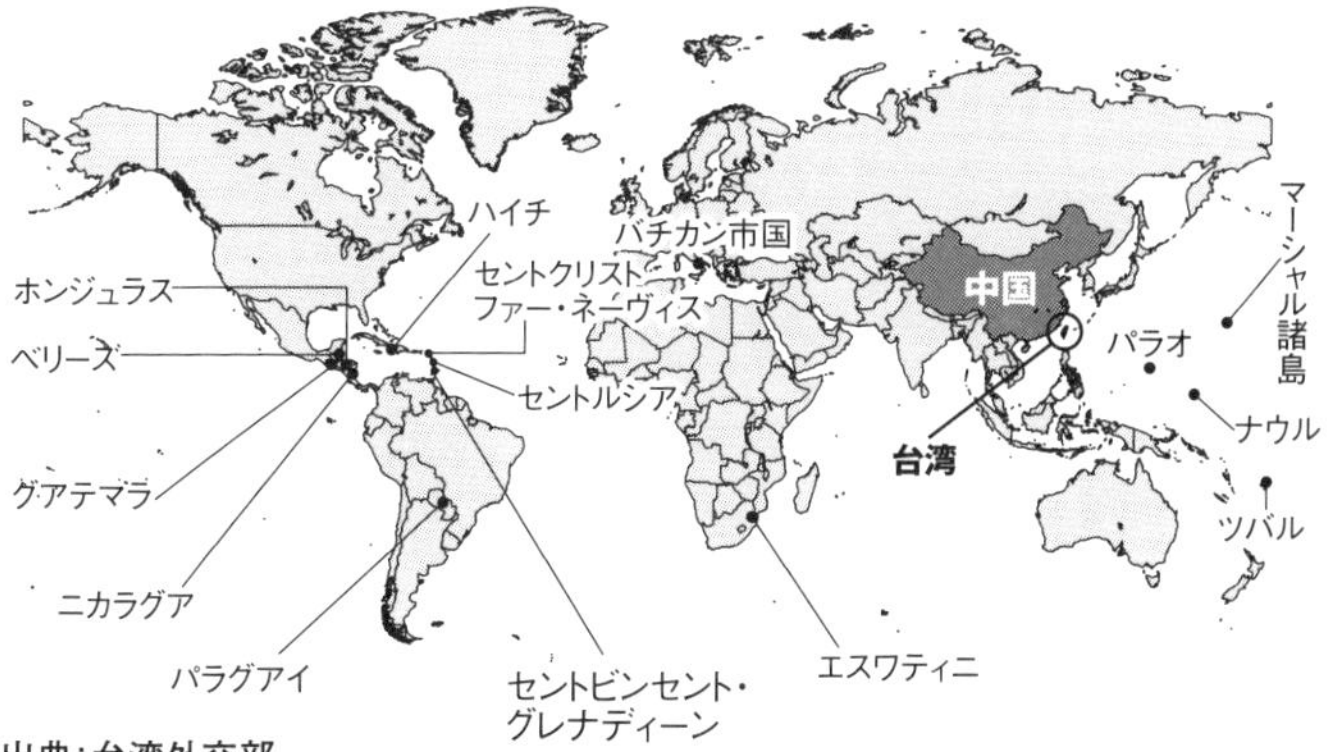

出典:台湾外交部

軍事力

(1)予算 3,318億台湾ドル(107.6億米ドル)
(2)総員 約21.5万人(予備役165.7万人)
陸軍 13万人, 主力戦車565両, 軽戦車625両
海軍 4万人(海兵隊1万人を含む),
駆逐艦・フリゲート艦20隻, 潜水艦4隻
空軍 4.5万人, 作戦機約480機

(出典:外務省ホームページ)

台湾略史

年月	出来事
1624年	オランダが統治
1662年	中国人の父と日本人の母を持つ鄭成功《ていせいこう》（国姓爺《こくせんや》）が台湾からオランダを追放し政権樹立
1683年	鄭氏政権が清（中国）に降伏
1895年	日清戦争に敗北した清が下関条約により日本に台湾を割譲
1945年10月25日	中華民国（国民党）が日本軍の降伏を受け台湾を占領統治
1947年2月28日	中国本土からやってきた国民党による台湾人弾圧の引き金となった「228事件」が発生
1949年5月19日	国民党が戒厳令布告
1949年12月7日	中国共産党との国共内戦に敗れた国民党が台北に「臨時首都」を遷都
1971年10月25日	国連を脱退（中華人民共和国が国連に加盟）
1975年4月5日	蔣介石総統死去
1978年5月20日	長男の蔣経国行政院長が総統に就任
1987年7月15日	戒厳令解除
1988年1月13日	蔣経国総統死去，李登輝副総統が総統に就任
1996年3月23日	初の総統直接選挙で李登輝が当選
2000年3月18日	民進党の陳水扁が総統に当選
2004年3月20日	陳水扁が総統に再選
2008年3月22日	国民党の馬英九が総統に当選
2012年1月14日	馬英九が総統に再選
2016年1月16日	民進党の蔡英文が総統に当選
2020年1月11日	蔡英文が総統に再選

あとがき

李登輝が亡くなってから2日後の2020年8月1日、総統府のななめ向いに位置する台北賓館《ひんかん》で追悼記帳が始まった。台北賓館は、現在は外交部（外務省）が管理する迎賓館だが、もともとは日本統治時代の1901（明治34）年に落成した台湾総督官邸だ。記帳会場に、日本と縁がある場所が選ばれたのも、何かの因縁だろうか。

それまで猛暑が連日続いていたが、この日、台北賓館の広い庭園は風が強く、涼しささえ感じられた。私にはその風の吹くさまが、まるで李登輝夫妻が愛した「千の風になって」の歌詞の風景そのもののように思えた。というのも、李登輝はキリスト教を信仰していたから、仏教でいう「輪廻転生」というものは信じていなかった。「生まれ変わったら、なんてことを言ってちゃいけない。いま、この現世でどう生きるかが大切なんだ、何のために生まれてきたのかを追求することが生きる意義なんだ」と李登輝が熱っぽく語る姿が目に浮かぶようだった。これからは文字通り、「千の風になって」私たちを見守ってくれることだろう。

李登輝のそばに仕えたのは8年である。この間、4回訪日しているし、台湾の総統経験者としてははじめて国会議員会館での講演も実現させた。思い出は幾重にも尽きないが、頭に浮かんでくるのは、日常のささやかな出来事ばかりである。

夏の暑い盛りだったと思う。日本からの来客が終わって一段落すると、李登輝は夫人とともにテレビをつけ「暴れん坊将軍」を見始めた。台湾には100チャンネル以上のケーブルテレビがあり、各家庭で楽しめるが、「暴れん坊将軍」も1日に3回、中国語の字幕付きで放映されている。

李登輝も背広を脱いでソファに座り、リラックスしている。私も夫妻が座るソファのうしろから1時間あまり一緒に鑑賞した。CMになったとき、私は自分がいまいる光景を頭に思い浮かべて、思わず笑ってしまった。

一見、時代劇を祖父母と一緒に見る孫という、日本ならどこにでもあるような日常のひとコマだが、ここは台湾の首都台北市内だし、一緒に「暴れん坊将軍」を日本語で見ているのは「台湾民主化の父」である李登輝とその夫人、そして夫妻の孫娘とそう変わらない年齢の日本人秘書という組み合わせだったからだ。

かと思えば、来客を終えて「何か飲みますか」と聞くと「コカ・コーラがいい」と答えたり、ランチにハンバーガーを要望したりすることもよくあった。アメリカに留学していたからかもしれない。ポケットから某ファーストフードの優待券を出して、「まだこんなにあるから、ちょっとあげよう」ともらったことさえある。

あるとき、自宅での表敬訪問が終わると、李登輝はそそくさと居室がある2階のリビングに上がっていった。「あとの報告は上で聞くから」というのでついていくと、なんのことはない。生まれてまだ数カ月のひ孫が遊びに来ていたから、「帰心矢《きしんや》の如《ごと》し」で早く会いたかっただけなのだ。

これまでの日々を振り返ると、印象深く思い出されるのは、何の変哲もない、ありきたりの光景ばかりというのが不思議なくらいだ。

李登輝は生前、『文明の衝突』を書いたサミュエル・P・ハンチントン（元ハーバード大学教授）の言葉をよく引用していた。

「李登輝が死んでも台湾の民主主義は残るが、リー・クアンユーが死ねばシンガポールの制度は失われる」

李登輝逝去の第一報が流れると、台湾の報道は李登輝一色に染まった。しかし、街ゆく人々はそれぞれ家族と、恋人と、友人と、何ごともなかったかのように平穏な表情をしていた。元国家元首が亡くなっても、街の雰囲気は大きく変わらない。人々の生活も変わらない。

これこそ李登輝が目指した台湾の完全な民主主義であり、李登輝がもっとも見たかった光景なのではないかと思い至ったのである。

本書の執筆にあたり、多くの方々の教えや導きがなければ、完成させることはできなかった。李登輝元総統本人と奥様は言うまでもないことだが、とくにお名前を挙げて感謝申し上げたいのは、まず金美齢《きんびれい》先生である。

東京で、金美齢先生の秘書として鍛えられた数年間があったからこそ、私がいきなり飛び込んだ李登輝事務所の日本人秘書としての仕事も、なんとか順調に滑り出せたものと思うからだ。「私の秘書が務まればどこに行っても通用するわよ」という言葉を、妙に納得しながら思い出すことが多々あった。

そして、公私にわたりご夫妻で何かと私のことを気にかけていただいた、江口克彦先生と奥様にも感謝申し上げたい。江口先生は、副総統だった頃から李登輝元総統と交流があり、李登輝夫妻が心を打ち解けて話し合える日本の親友だった。

名前を挙げればきりがないが、私を台湾で支え続けてくれた多くの先輩方、友人たち、同僚たちに、そして本書の原稿をまとめる父の横に机を並べ、小学校の宿題をすることで「伴走」してくれたひとり息子の美輝にも感謝して、謝辞としたい。

２０２０年８月

早川友久

[著者略歴]

早川友久（はやかわ・ともひさ）
李登輝元総統秘書。1977年、栃木県足利市生まれ。早稲田大学卒。学生時代、台湾旅行中に台北市長選の選挙応援会場を見学し、そこで金美齢氏（元台湾総統府国策顧問）と出会う。帰国後、「日本李登輝友の会 青年部」を立ち上げ、初代青年部部長に就任。2003年より金美齢事務所の秘書として活動。
07年から台湾留学。台湾大学法律系（法学部）在学中に李登輝チームの一員として活動。12年、李登輝の指名を受け、李登輝総統事務所の秘書に就任。国会議員、官僚、ジャーナリストなど日本人窓口を一手に引き受けるとともに、李登輝の考えや心に触れる日々を送りながら、李登輝関連の取材インタビューや書籍、スピーチ原稿執筆も担当。李登輝が最も信頼する秘書となる。現在、台湾台北市在住。

企画協力：ランカクリエイティブパートナーズ
カバー写真提供：共同通信社

李登輝 いま本当に伝えたいこと

2020年9月16日　　第1刷発行

著　者　早川友久
発行者　唐津　隆
発行所　株式会社ビジネス社
〒162-0805　東京都新宿区矢来町114番地 神楽坂高橋ビル5階
電話　03(5227)1602　FAX　03(5227)1603
URL　http://www.business-sha.co.jp

〈カバーデザイン〉中村聡
〈本文組版〉エムアンドケイ 茂呂田剛
〈印刷・製本〉半七写真印刷工業株式会社
〈編集担当〉大森勇輝　〈営業担当〉山口健志

ISBN978-4-8284-2217-6